VERMICULURES

A L'USAGE DES ARCHITECTES

PAR

Joachim MALÉZIEUX

Se vend au profit de la Caisse

d'Assistance confraternelle des Architectes

français

et pour l'édification d'iceux

PRIX: 5 FRANCS

→ 1900 ←

SAINT-QUENTIN

IMPRIMERIE DU « SAINT-QUENTINOIS », 17, RUE DE LA CAISSE D'ÉPARGNE

VERMICULURES

VERMICULURES

A L'USAGE DES ARCHITECTES

PAR

Joachim MALÉZIEUX

————

Se vend au profit de la Caisse
d'Assistance confraternelle des Architectes
Français
et pour l'édification d'iceux

————

PRIX: 5 FRANCS

————

→ 1900 ←

PRÉFACE

Le besoin de ce livre ne se faisait nullement sentir. Si, cédant à ma propre sollicitation, je me décide à réunir en volume ces fantaisies, éparses dans divers journaux d'architecture, mon but est d'aider dans la mesure du possible une institution professionnelle de la plus haute valeur, la *Caisse d'assistance confraternelle des Architectes français*.

Ce livre n'est qu'un moyen de soutirer, de gré ou de force, à tous mes confrères une somme d'ailleurs modique en elle-même, quoique exorbitante par rapport à la marchandise qu'elle devra payer.

Le bénéfice de cette opération s'en ira tout droit augmenter les ressources d'une caisse, hélas ! bien maigre pour les infortunes à secourir.

J'en ai dit assez pour espérer caser promptement ces *vermi-culures*, fruit d'une philosophie sans amertume et sans haine, où mes camarades de misère trouveront, peut-être, un délassement.

J. M.

15 février 1900.

LA PETITE REMISE

COMPLAINTE PARASITAIRE

Air de Fualdès.

Messieurs, écoutez l'histoire,
Fort tragique assurément,
De ce bon monsieur Magloire
Qui fit faire un bâtiment !

Un jour, il dit à sa femme :
« Pulchérie, ô ma moitié !
Pour bâtir à la campagne,
J'ai mis d' l'argent de côté !

Nous n'aurons pas d'hypothèque,
J'ai un terrain d'occasion !
Faut choisir un archetèque
Pour nous fair' not' construction ! »

— Choisis-le bien, lui dit-elle,
Car, tu sais, c'est tous voleurs !
Il lui dit : « Compt' sur mon zèle,
Ma bonn' poupoule ! as pas peur ! »

Il va chez un archetèque —
— mètreur — vérificateur —
Parc' que les vrais archetèques,
Ils coût'nt cher, pour leur malheur !

Il lui dit : « Homme estimable,
Combien que ça me coût'ra
Pour quèqu' chos' de convenable,
Maison, grille, et cœtera ? »

L'aut' lui dit : « Soyez tranquille !
J' vous f'rai ça dans les prix doux :
Sous-sol, maison, mansard'., grille.....
Vous savez, c'est entre nous !.....

Pour que'qu' chos' de mirifique,
Je n' vous d'mand' pas cinq pour cent !
Moi ! je n' vol' pas la pratique
Quand que j' fais un bâtiment !

Trois pour cent ! v'là mon affaire,
Vous s'rez servi comme pas un !
Economiqu'ment, j' vas faire
Maison, clôture et communs !

Car, moi, j' fais d' l'architecture
Pas comm' tout l' mond' la comprend !
C'est élégant et ça dure,
Et çà n' coût' pas cinq pour cent ! »

Alors, v'là monsieur Magloire
Qui lui dit : « C'est convenu !
Fait's moi quèqu' chos' de notoire :
Je n' suis pas l' premier venu! »

L'archetèque y s' met en route,
Y va chez l'entrepreneur ;
Il lui dit : « Cassons un' croûte
Avec un verr', du meilleur !

J'ai une affaire superbe,
Quèqu' chos' de chouett', d'épatant !
Mais, pour pas que je m'enherbe, (1)
Y faut m'donner dix pour cent !

— C'est entendu, qu'y dit l'autre,
Prenons un litre là-d'ssus,
En mangeant une entrecôte
Et un biffeteck en plus ! »

L'archetèque y va donc voire
Aussitôt incontinent
Cet excellent sieur Magloire,
Et il lui dit à l'instant :

---

(1) S'enherber (terme de natation) être retenu par les herbes, se noyer ;
s'emploie souvent au figuré.

« J'ai vot' homm' pour fair' l'affaire
Il n'est pas chère du tout....
Vingt mill', plus les honoraires,
J' crois qu' nous en viendrons à bout ! »

Magloir' lui dit : ça me botte !
Commencez dorénavant ! »
Et v'là l' maçon qui s' transporte
Sus l' chantier, incontinent.

On met d' la pierre et d' la brique,
Du pitchpin, d' l'ardois' d'Angers,
Calorifère hydraulique
Chauffant la salle à manger.

On met des belles rosaces,
On peint d' marbr' les corridors,
On met partout des bell's glaces
A cadr's de cuivr' tout en or !

C'est fini ! monsieur Magloire
Vient un jour pour s'installer.
Il apporte un' belle armoire,
Un mobilier bien calé !

Y dit : « c'est vraiment très chouette ! »
Y veut mett' son lit sans r'tard ;
Y trouv' un' porte, un' fenêtre,
Un' cheminée, un placard....

Y dit à sa Pulchérie :
« Dans la chambre d'à côté
Nous trouv'rons p't' êtr', ma chérie,
L'emplac'ment approprié ! »

Y cherche dans cette chambre :
Y n'y trouv' pas un trumeau !
Y s' dévisse tous les membres :
Y a rien pour son dodo !

Y cherche dans la cuisine,
Y cherche dans le salon ;
Dans l' corridor, ça s' devine,
Y n'y trouv' non plus rien d' bon !

Y dit : « Quell' drôl' de bâtisse !
Pour y manger, ça va bien ;
Mais pour y dormir, c'est triste :
Y a pas d' plac' pour l' traversin ! »

A l'archetèque y s' renseigne ;
Y d'mand' son compte à l'instant ;
Y r'çoit répons' sous huitaine :
On lui d'mand' cinquant' mill' francs !

« C'ment ? qui dit, pour cett' bicoque ?
Y a pas moyen d' l'habiter ! »
L'autre lui répond : « J' m'en moque !
Maint'nant, y faut la payer ! »

Magloire n'est pas commode :
Y plaide, y r'plaide à gogo !
Malgré l' foie qui l'incommode,
Et malgré un lumbago !

Y gagne, y perd, et puis r'gagne,
Et puis, r'perd en cassation....
Et dans sa maison d' campagne
C'est une abomination !

Un jour, son avoué lui coule
Un' not' de trois mill' cinq cents !
C' jour-là, sa maison s'écroule....
(Ell' ne coûtait qu' trois pour cent !)

L'archetèqu' avec sa r'mise,
S'en va chez un marchand d' blanc,
Et s' paye une douzain' de ch'mises....
V'là c' que c'est que l' trois pour cent !

11 février 1892.

OP' COM'

Fantaisie sur l'air de *Paillasse*

Voulant construire un opéra,
    Un Opéra-Comique,
Un ministre un jour, se trouva
Dans un moment critique ;
    En homme subtil,
    Comment, se dit-il,
    Sortir de la panade ?
    Dans notre embarras,
    Faisons de ce pas,
    Un tour de promenade !

Il se promène sans façon,
    Songeant à son ouvrage,
Tout à coup, il voit un maçon,
    Sur un échafaudage
    Il dit, stupéfait :
    Pardieu ! c'est parfait !
    L'homme est de la bâtisse !
    Bonheur sans pareil !
    Pour un bon conseil,
    La rencontre est propice !

— Accordez-moi quelques instants,
    Limousin, homme unique !
J'ai besoin, pour l'an mil neuf cent
    D'un Opéra-Comique.
    Carvalho le veut,
    Il fait ce qu'il peut
    Et même l'impossible.
    On lui bâtira
    Un bel Opéra
    Surtout incombustible !

Hélas ! je dois le confesser,
 Je ne sais comment faire !
A qui devrais-je m'adresser,
 Pour traiter cette affaire ?
 A ce que je vois,
 Vous êtes, je crois,
 Ancien dans la partie.
 Donnez, mon enfant
 Ce renseignement,
 Et la chose est bâtie !

— Monsieur, lui dit le compagnon
 En lâchant sa bouffarde,
Adressez-vous au tâcheron,
 C'est lui que ça regarde !
 J'en suis bien fâché,
 Mon plâtre est gâché,
 Il faut que je maçonne !
 Pour les Opéras,
 Nisco, connais pas !
 Bonsoir, y a plus personne !

Le ministre dit : J'ai du flair !
 J'ai foi dans ces prémisses,
Nous chanterons un petit air,
 Bientôt, dans les coulisses !
 — Tâcheron, pardi !
 Avec toi, l'on dit
 Qu'il faut que je m'explique !
 Quel est le moyen
 Pour faire très-bien
 Un Opéra-Comique ?

Le tâcheron lui dit : Monsieur,
 La chose est très facile,
Mon patron est entrepreneur ;
 Voilà son domicile !
 A prix très-réduits,
 Murs, fondements, puits.
 Il vous fera la chose,
 Au mètre, à forfait,
 Cubage ou prix fait,
 Façon, matière et pose !

Bravo ! se dit l'homme d'Etat,
 Je tiens la bonne piste !
Dans un sapin, il se jeta :
 Cocher ! chez cet artiste !

— Monsieur ! quel honneur !
Dit l'entrepreneur,
Prenez-donc cette chaise !
Accepterez-vous
Un verre de doux ?
Mettez-vous à votre aise !

— Merci ! Monsieur, je ne prends rien !
J'ai l'estomac débile ;
C'est sans façon, croyez-le bien !
Mais je crains trop la bile !
J'entrais en passant,
Pour l'an mil neuf cent,
L'opinion publique
Réclame à grands cris
Qu'on fasse, à Paris,
Un Opéra-Comique !

Un limousin s'est prononcé,
Un tâcheron ensuite ;
C'est chez vous qu'ils m'ont adressé,
Sûrs de la réussite !
L'article est chez vous,
Dit-on, à prix doux,
Et de dernière mode...
Combien coûtera
Un bel Opéra,
Spacieux et commode ?

— Excellence ! touchez donc là !
Je ferai votre affaire !
J'ai mon banquier, avec cela,
Plus d'un actionnaire....
Ayant le moyen,
Ça marchera bien :
Pas besoin qu'on m'inspecte !
J'ai des employés
Savants, bien payés
Et j'ai mon architecte !

Ainsi fut fait, et sans retard
S'éleva la bâtisse....
Quant à l'école des Beaux-Arts,
Elle en eut la jaunisse !
Un bon syndicat
Vite ! fabriqua

Une Carvalhothière,
Et l'entrepreneur
Vit, avec bonheur,
Fleurir sa boutonnière !

Ainsi, ça se passa l'an mil
Huit cent quatre-vingt-douze
Sous un ministre fort subtil ;
Et l'Ecole, jalouse,
Fit, pour s'insurger,
Projet sur projet,
Mine sur contre-mine !
Mais lui, pour finir,
L'envoya mourir
D'un coup de guillotine ! (1)

Juillet 1892.

---

(1) On se rappelle qu'en 1892, la reconstruction de l'Opéra-Comique faillit être confiée à une Société financière. Cette combinaison n'échoua au Sénat que grâce à l'attitude énergique des Sociétés françaises d'architectes. M. Guillotin était l'un des entrepreneurs à la tête de la combinaison.

LORIENTALE [1]

Air : *Dis-moi, t'en souviens-tu ?*

Dans Lorient, ville transatlantique,
Est un concours, pour la construction
D'un bâtiment pour école publique,
Salle de fête et réunion !
L'entrepreneur *et même l'architecte*
Seront admis, et pour que ça soit su,
Auront un plan à cinq milli pour mètre [2]   } *bis*
O Lorient, dis ! pour qui nous prends-tu ?

Le premier prix aura, *s'il le désire,*
Quinze cents francs, *ou bien le bâtiment !*
Au second prix, mille, pourront suffire !
Pour le troisième, assez de cinq cents francs !
Un bon jury, composé de neuf membres,
Parmi lesquels un architecte, au plus,
Saura fixer, pour le premier novembre,   } *bis*
Les prix gagnés par des hommes têtus !

Un inspecteur, trois délégués, un maire,
Deux ingénieurs, un chef de bataillon,
Sauront trouver, dans leur rôle éphémère,
L'homme chargé des *plans d'exécution !* [3]
Un architecte, à voix consultative,
Sera choisi, non loin de l'Institut,
Pour protester, d'une façon plaintive,   } *bis*
Dis Lorient ! dis ! pour qui nous prends-tu ?

---

(1) Il s'agit d'un concours où étaient admis indifféremment les architectes et les entrepreneurs.

(2) Et s'il me plaît, à moi, de faire rimer mètre avec architecte !..... Pauvreté n'est pas vice !

(3) Sic.

Les constructions seront édifiées
Sur un terrain qu'on dit municipal ;
Elles seront peut-être confiées,
S'il est besoin au voyer cantonal !
L'entrepreneur, que ce concours contente,
A celui-ci fournira son *rendu* !
Les murs auront l'*épaisseur suffisante !* (¹) } *bis*
O Lorient ! dis-nous, y penses-tu ?

Comme déjà pour l'Opéra-Comique,
L'entrepreneur, les maçons de Pornic,
Dans Lorient, ville transatlantique,
Etudieront les monuments publics !
Cour du Mûrier, on se tord, on rigole,
On s'esbaudit, on dit : « Turlututu ! »
Naïfs enfants, on va fermer l'Ecole ! } *bis*
Pour Lorient, elle vaut un fétu !

22 septembre 1892.

---

(1) Sic. Le programme indiquait gravement que *les murs devraient avoir une épaisseur suffisante....*

L'UNION DÉCORATIVE [1]

(Air des louis d'or)

Je suis l'Union décorative,
L'autre jour, je fis un congrès.
Le dessin et la perspective
Je les ai tous suivis de près :
Nous étions bien deux cent cinquante
Avec des rubans rouges, bleus,
Jaunes, violets, verts, amaranthe ;
Des délégués jeunes et vieux !
Jamais on ne vit assemblée
Avec tant de gens décorés !
J'en suis encore émerveillée !
Tel fut, l'autre jour, le Congrès !

On fit tous les discours d'usage,
A droite, à gauche on salua !
Et puis, pour se mettre à l'ouvrage
De l'hémicycle, on reflua.
Mais, sur la feuille de présence
On remarqua, le cœur navré,
Qu'emmi ces délégués de France
Un seul... n'était pas décoré !
Alors l'Union, ça se devine,
Pour qu'il fut aussi bien paré
Vite, accrocha sur sa poitrine
Une médaille en zinc doré !

---

[1] Au Congrès de l'Enseignement du dessin tenu en 1894 à Paris, sous les auspices de l'Union centrale des Arts-décoratifs, on a décidé d'*unifier* les méthodes d'enseignement du dessin.

Ainsi, tout étant dans la forme
On décida fort savamment,
Qu'une règle bien uniforme
De l'Art serait l'enseignemeht !
Allons, enfants de la Province,
Porteurs d'eau, marchands de marrons,
Votre avenir, il n'est pas mince !
Car à tous, nous enseignerons
Partout ! toujours la même ligne !
Même fleur, mêmes ornements !
Nous reconnaîtrons, à ce signe,
L'Art inspiré des règlements !

DROITS D'AUTEUR

A mon ami Ch. Lucas.

J'ai fait, pour un particulier,
Une maison que je crois belle.
Il n'y manque pas l'escalier,
Et dans l'angle est une tourelle.

Le bourgeois, j'en suis convaincu,
En est content (sans qu'il le dise),
N'ayant dépassé d'un écu
Le devis de sa marchandise.

Elle a coûté dix mille francs,
C'est un beau chantier qui m'honore
(N'en faisant jamais de plus grands,
Ni même d'aussi grands encore.)

C'est mon œuvre, j'en fais grand cas,
Et je suis fier de mon système ;
On est modeste, n'est-ce pas ?
On est vaniteux tout de même !

Or donc, voici que l'autre jour
Je passais, n'ayant rien à faire ;
Un monsieur en faisait le tour,
Braquant sur elle un photosphère.

Le photographe que c'était,
Quand il eut refermé sa boîte,
Sans se douter qu'on le guettait,
S'en fut par une rue étroite.

Incontinent, je le suivis
Jusqu'au seuil de son habitacle,
Où, contre la porte je vis
Des clichés offerts en spectacle.

Méfiant, quelques jours après
J'y revins. Voyez ma surprise !
En ce cadre, aux profils dorés,
Ma façade se trouvait mise.

Un papier disait : *Prix un franc,*
Piqué là par une punaise.
Ce photographe, assurément,
En prenait par trop à son aise !

Je m'en fus voir mon avoué
Qui prit adroitement la chose ;
Un bon procès, Dieu soit loué !
Me donna vite gain de cause.

Le photographe fut astreint
A me compter un bénéfice
Sur la vente brute et le gain
Du portrait de mon édifice.

Mon droit d'auteur incontesté,
Il se vendit un exemplaire
(C'est moi-même qui l'achetai,
J'avais dix pour cent dans l'affaire).

Pour ceux qui veulent m'imiter,
Voici le prix incontestable
De ce que vient de me coûter
La défense de mon semblable.

J'ai payé cent francs d'avocat ;
L'avoué m'en coûte cinquante ;
Faux frais, débours et cætera,
Ça fait deux cents. — Je m'en contente !

12 septembre 1896.

JE SUIS TAXÉ !

Deux bourgeois, s'en voulant à mort,
Pour un mur faisaient du grabuge.
Afin de les mettre d'accord
On les mena devant le juge.

Les renvoyant *à se pourvoir*,
Le juge, incontinent me nomme
Expert, afin de *dire et voir*
(Il me croyait un honnête homme).

Je vis, je dis, en un rapport
Fait en la forme accoutumée,
De quoi venait le désaccord,
L'effet, la cause présumée....

Je mis, au bas du document,
Le coût des frais, de l'honoraire
Et j'attendis innocemment
Le solde, à la fin de l'affaire.

Un jour, l'avoué demandeur
Me dit : la cause est entendue
Et je vais vous payer, monsieur,
La somme qui vous reste due !

Je tends la main, fort empressé.
— Voilà, dit-il, en numéraire,
Le juge vous ayant taxé,
Les deux tiers de votre honoraire ! —

Hélas ! j'en suis resté rêveur !
Je pensais : (empochant la somme)
On me taxe comme voleur,
On m'a choisi comme honnête homme !

11 mars 1897.

JUDICIEUX MINISTRE

Un ministre était plutôt triste :
Pour honorer le bâtiment
Décorerait-il un artiste,
Ou l'entrepreneur simplement ?

— Certes, l'artiste a du mérite ;
Son rôle est beau, je le conçois !
Mais, en politique, il hésite
Et, s'il vote, il n'a qu'une voix !

L'entrepreneur, tout au contraire,
Dispose d'un gros bataillon.
Hélas ! je ne sais comment faire
Pour placer ma décoration !

En donner deux, est-ce possible
Sans frustrer quelqu'homme influent ?
Un électeur, c'est plus tangible
Qu'un pauvre hère de talent !

Mais ! j'y songe ! On peut, ce me semble,
D'une croix faire un double honneur !
Je vais les décorer ensemble
Dans l'*Architecte-entrepreneur !* (1)

12 août 1897.

---

(1) Historique.

SERMENTS PRÊTÉS

Belle Thémis ! noble déesse
De nos vagues humanités,
Depuis le temps de ma jeunesse
Que de serments je t'ai prêtés !

Je les prêtai comme on les donne,
Aucun ne fut jamais rendu !
(Ne prêtez un livre à personne,
Ce serait un livre perdu !)

Vous jurez, me dit un bon juge,
De remplir bien fidèlement
La mission que je vous adjuge ?
C'est très bien ! Acte de serment !

Ah ! sais-tu pas, bon juge intègre,
Sais-tu pas, bien pertinemment,
Que, si j'étais un de la pègre,
Je le prêterais, ce serment ?

Et si je suis un honnête homme,
Non un voleur de grand chemin,
Est-ce vraiment la peine, en somme,
De me faire lever la main ?

Alors, pourquoi ? je le demande,
L'illusoire formalité
Du beau geste qu'on me commande,
Dont le coût fait la qualité ?

Je le sais, ça rapporte au greffe
De quoi, les jours carillonnés,
Boire un flacon de Saint-Estèphe
Et le champagne des dînés !

Ah ! l'admirable mécanisme :
Arton, comme Cornélius,
Avec eux, tous les perceurs d'isthme
Jureront — moyennant quibus !

Et moi donc ! Ici je déclare
A tous ceux qu'il appartiendra :
Je prêterai (quoique sans tare)
Tous les serments que l'on voudra !

28 septembre 1897.

SOPHISTIQUONS !

> Une circulaire ministérielle vient d'inviter
> les Préfets à ne plus nommer aux
> conseils des bâtiments civils des archi-
> tectes s'occupant de travaux commu-
> naux !.........

Ecoutez tous, gens de la Pouille,
De Dax, de Gap ou du Pollet !
C'est notre ministre Gribouille
Qui m'oblige à vermiculer !...

L'administratif personnage
Vit, en ouvrant l'œil et le bon,
Qu'on fait du beurre sans laitage,
De la soie avec du coton,

Que le fin moka n'a pour base
Qu'une mixture de glands doux,
Et que du plâtre qu'on écrase
Donne aux farines meilleurs goûts !

Il se dit que, dans toutes choses
Rien n'est fait de ce qui convient,
Qu'on produit le parfum des roses
Avec de la crotte de chien !

Partant de ce principe immense,
Il songe aux bâtiments civils.
Dit : Règlementons en silence
Ce pouvoir dont je tiens les fils !

Et, dans sa sagesse infinie,
Il écrivit, sans plus parler,
La circulaire de génie
Que je vous vais vermiculer ! :

« Dès le reçu de cette bulle
« Les Préfets, adroits et subtils,
« Nommeront, selon ma formule,
« Les gens des bâtiments civils.

« Ce corps, jugeant par habitude,
« Tous les bâtiments communaux,
« *Quiconque en sait faire l'étude*
« *Est exclu de ces tribunaux !*

« Mais on prendra, de préférence,
« Des maçons ou des puisatiers,
« Ça rajeûnira l'Art en France,
« Pour l'honneur des corps de métiers ! »

23 Juillet 1899.   J. Malézieux.

LA FOSSE INODORE

Un bourgeois fit, dans sa maison,
(Vous jugez si ça sentait bon
Lorsqu'on se posait sur la.... *chaise*)
Une latrine *à la française*.

Il sent et dit : c'est abusif
Pour mon appareil olfactif !
Appelons, pour que ça finisse,
Un entrepreneur de bâtisse !

— Bonjour ! monsieur l'entrepreneur !
Que pensez-vous de cette odeur ?
Voulez-vous, pour lâcher le chlore,
Me faire une fosse inodore ?

L'autre lui dit : — Je le veux bien !
Le lendemain le maçon vient,
Il creuse un trou, met de la brique
Et l'enduit de chaux hydraulique.

Quand ce fut fait, le bon bourgeois
Ayant vaqué nombre de fois,
Sentit monter en ses narines
L'âcre parfum de ses latrines.

Il dit alors, tout suffoqué :
De moi, le maçon s'est moqué !
Qu'en ces lieux il vienne de suite !
Et qu'il m'explique sa conduite !

Il vient, renifle et dit : — Cré nom !
De la fosse ouvrons le tampon !
Il regarde au fond de la voûte
Et dit au bourgeois qui l'écoute :

Je sais très bien ce que je sens !
C'est vous qui l'avez mis dedans !
Il faut bien que ça sente encore,
Mais, *ma fosse*, ELLE, EST INODORE !

11 octobre 1895.

MA CHEMINÉE FUME

Air courant.

Elle fume, ma cheminée !
Mais un fumiste va venir,
De compétence enracinée.....
Et mon malaise va finir !
— Monsieur, c'est, si je me blouse,
Un cas bien commun maintenant !
Je vais y mettre une ventouse :
L'air manque dans l'appartement !

Enfin ! l'affaire est terminée,
La ventouse.... l'agencement....
— Elle fume, ma cheminée,
Encor bien plus terriblement !

— Monsieur, je vois, c'est peu de chose !
Il vous faut un aspirateur !
Bien ! Soit ! Le fumiste le pose
Avec un air triomphateur !

Hélas ! pendant une journée
Je fais du feu ! trois fois hélas !
Elle fume, ma cheminée !
Et l'asphyxie est sur mes pas !

— Monsieur ! je m'y connais ! en somme,
Un *fumigobe* est indiqué !
Ça marchera, foi d'honnête homme !
Jamais un coup ça n'a manqué !

.... J'ai la narine enchifrenée !
Le *fumigobe* est installé...
Elle fume, ma cheminée !
Mon fumiste s'est emballé !

— Moi, jamais ne me dérobe !
Cher monsieur, j'en verrai la fin
Avec un *antifumigobe* !
C'est infaillible ! c'est certain !

Voilà la chose maçonnée
Je vais pouvoir me réchauffer.....
Elle fume, ma cheminée !
Hélas ! je me sens étouffer !

— Mais, dites-moi, mon bon fumiste,
Appelons donc un ramoneur ?
Car vraiment ça devient fort triste !...
— Je le veux bien, mon bon monsieur !

— Ramoneur ! de ma destinée
Sois l'arbitre, sois le sauveur !
Elle fume, ma cheminée !
— Monsieur ! J'y monte de bon cœur !

— Que vois-tu ? — Monsieur ! quelle dèche !
Je ne vois rien ! Je sens un sac
Qui, de monter plus haut, m'empêche !
On ne l'aura pas sans tabac !

— Voilà ! Voilà ! dit le fumiste,
Voilà pourquoi ça fumait tant !
Aucune, à moi, ne me résiste !
Je l'avais dit ! c'est épatant !

J'ai payé tout, le *fumigobe*
La ventouse, l'aspirateur,
L'antifumigobe, et je gobe
Aussi le coût du ramoneur !

Et mon fumiste, dans la gloire
Dit : Peut-on s'y connaître mieux ?
Renseignez-vous, pour bien me croire,
Auprès de Monsieur Malézieux !

10 décembre 1895.

———————

LE BON HONORAIRE

A l'ami Gouault

En floréal comme en brumaire,
   O ma chère !
Le cinq pour cent est plein d'appas !
Seul, il répond à tous les cas,
C'est le Sénat de l'honoraire !

Elastique, simple, discret
   Et concret,
C'est l'émollient cataplasme
Qui se pose sur le marasme,
Et guérit plus d'un mal secret !

Qu'en des échelles très savantes
   Tu te vantes
De graduer nos revenus,
Va ! sans lui, nous serions tout nus,
En des postures décevantes !

O cinq pour cent ! tu me conviens!
   Que de biens
Je dois à ta vertu légale !
Habits, souliers, soupe frugale,
C'est de toi seul que je vous tiens !

CONCENTRER EN ÉPARPILLANT....

Sur un rapport de M.
Georges Berger

Berger nous dit : « La France est riche ! »
Ah ! le remarquable rapport !
(Remarquable au premier abord ;
Au second rabord, je m'en fiche !)

« Oui ! Messieurs ! nous a dit Berger
L'Etat vous donne des subsides ;
Il vous inspecte, tient les guides,
Et vous conduit loin du danger ! »

Lui seul a trouvé la formule :
Centraliser en son giron
La décentralisation !
C'est le fin du fin, le module !

Il disperse en nous concentrant ;
En concentrant, il nous disperse ;
Le bonheur pleut comme une averse
De bienfaits du gouvernement !

Le diable soit de l'empirisme !
Un mode unique est décrété
En Béarn, en Franche-Comté !
Plus d'hérésie et plus de schisme !

Qu' est le beau, s'il n'est officiel ?
Je vous le demande à vous autres,
Empiriques mes bons apôtres !
Le beau, c'est l'Etat ! c'est le ciel !

Hélas ! je vous entends. Vous dites :
— « Est-ce ça, décentraliser ? »
Mais oui ! mais oui ! peut-on poser
La question sotte que vous fîtes !

Quand on aura réglementé
Le goût final, le goût unique,
Pour l'Auvergne et pour l'Armorique,
Ne fais donc pas le dégoûté,

O provincial comme moi bête !
Sache qu'on doit l'éparpiller,
Le répandre, le saupoudrer
Sur tes membres et sur ta tête !

Décentralisé, dispersé
Comme une graine mémorable,
D'une main ferme, inexorable,
Son fruit sera centralisé.

Comprends-tu ce que je diffuse ?
Encor me trouves-tu diffus ?
Non ! car tu ne comprendrais plus
Tout le bonheur que l'on t'infuse !

Si tu n'as pas compris Berger
Décentralisant à sa mode
En centralisant sa méthode,
Tu n'es pas digne de manger !

9 novembre 1896.

ÉPUISONS LES CRÉDITS

Joséphine, dépêchez-vous !
Allez vite chez la bouchère
Me quérir, avec ces vingt sous,
Une côtelette, première !....

Joséphine court et revient :
— Monsieur, voici la côtelette,
C'est douze sous ! — Très bien ! Très bien !
Il revient huit sous sur l'emplette !

— Ah ! Monsieur ! Je ne les ai plus !
Dit cette fille de campagne,
Pour *utiliser* le surplus,
J'ai pris huit pains de blanc d'Espagne !

— Joséphine, (que je lui dis),
Sans le savoir, âme naïve,
Vous épuisâtes les crédits
En la forme administrative !

**

Hélas ! au siècle où nous vivons,
Dans des palais, dans des chaumines,
Immobiles sur des cuirs ronds,
Il est cent mille Joséphines !

Quiconque a droit d'ordonnancer
Une bribe de nos finances,
Ne rêve que de balancer
Les recettes et les dépenses.

Ça fait si bien : *total égal !*
C'est clair, c'est net, ça simplifie !
Et, pour ce résultat normal,
Au diable soit l'économie !

Et l'on *épuise les crédits !*
Budget, c'est là ce qui te mine !
Seigneur, mon Dieu ! je vous le dis,
Délivrez-nous de Joséphine !

7 décembre 1890.

LE BUBON

A mon ami Frantz Blondel.

J'ai pour ami de vieille date
Un vieux fakir jaune et crépu,
Qui n'a jamais mis clous ni patte
Où Voltaire en a, jadis, vu.

C'est un brave homme, très honnête
Et comme on n'en voit pas souvent,
Et parfois, je fais la causette
Près de sa boutique en plein vent.

L'autre jour, parlant de la peste,
Il me dit, d'un air triste et bon
— L'Inde est sale, c'est manifeste,
Mais chaque peuple a son bubon.

Les Anglais ont leur égoïsme
Que nul sérum n'a combattu !
Et ces féroces voleurs d'isthme
Ne mettent pas de clous au... dos !

Quel est, pour nous, le plus terrible :
Ou par la peste exterminés,
Où subir l'Anglais dont la Bible
A des bank-notes pour signets ?

Cet autre peuple, en sa paresse
Pourrit — fumier providentiel !
Et ce troisième, en sa détresse
S'empoisonne à son propre fiel !

Et vous, qui vous tenez en joie,
Peuple incroyable, souple et vain,
Hélas ! n'êtes-vous pas la proie
De ce cancer, le pot-de-vin ?

Les épingles ou la remise,
Le pourboire, le sou du franc,
C'est le prix, sans la marchandise,
Le salaire déshonorant !

C'est le mortel bubon qui crève
La peau des peuples condamnés !...
— Ainsi me parla, comme en rêve,
Le vieux fakir que je connais !

5 février 1897.

PLANS VERBAUX

Dédié à l'Enregistrement.

Ah ! vous dirai-je maman,
Ce qui cause mon tourment ?
Du timbre, de la Régie,
Voyant l'affreuse effigie,
Mon cœur dit à tout moment :
Zut ! pour l'Enregistrement !

Il m'a timbré, ce tantôt,
Un croquis de goguenot,
Puis il m'a mis à l'amende !
Alors, je vous le demande,
Si tout y passe, voyons,
J'en tiens pour trente millions !

Comment régler en douceur
Un compte d'entrepreneur ?
Bâtir une maisonnette
Sans qu'aussitôt il s'y mette
Comme les vers dans l'aubier ?
Vaut mieux lâcher le métier !

Moi, j'ai trouvé cependant
Un truc assez épatant :
Désormais, dans la bâtisse,
Ni plan, ni lettre qui glisse
Aux mains de ces animaux,
Car je fais des *plans verbaux* !

Vous ne voulez pas, je crois,
Que je garde ça pour moi ?
Chers compagnons d'infortune,
Ma méthode est opportune,
Je vous la livre en entier,
Et le fisc peut se fouiller !

28 Janvier 1900.

CANTONNIER

Monsieur Jourdain n'aim' pas l'Bougu'reau !
Moi, je l'ai trouvé Bougraument beau !
Nous n'pourrons jamais nous entendre.. .
Monsieur Jourdain aim' le Besnard
Et les macchabé's dans l'brouillard....
Moi, c'peintre-là, j'peux pas l'comprendre !

M'sieur Boileau n'aim' pas m'sieu Jourdain,
C'lui-ci le lui rend, c'est certain !
Et moi, chacun d'eux, j'le respecte !
Comme Yvon ador' le grand É
Où l'on moule, hiver comme été,
Tous les ans, le même architecte !

Moi, j'aime aussi Monsieur Garnier !
Il n'hésit' pas à vous l' confier,
Quand il sent qu' sa muse est malade,
Et, bien qu'il soit de l'Institut,
Y n' se cach' pas pour vous dir' : zut !
Si ça fait rir' les camarades !

Moi, j'aime aussi Monsieur Yvon
Et les gentils élev's qui vont
Du côté d'la ru' Bonaparte !
Aussi ceux qu'moyennant quibus,
Loge et nourrit Lassissimus
A prix fixe ou bien à la carte !

Ça prouv' que j'suis sans préventions,
Que j' partartag' tout's les opinions,
N'en ayant pas de personnelle.
Et c'pendant, si vous m'en croyez,
Faut pas fair' fi des cantonniers :
C'est un' corporation modèle !

D'abord, chez nous, c'est eux qui font
L' plus d' mairi's, d'écol's de garçons....
(On ne l' sait pas, chez les Sequanes)
Si l'on savait c' qui zont dans' l' cœur !
C' qui zont d'art, d' probité, d'honneur,
Au sein d' leurs modestes cabanes !

Voyez les fair' leurs tas d' cailloux :
D'abord, les cass't à petits coups,
Puis en font un tronc d' pyramide,
Puis, ils empoignent leurs pinceaux,
Les tremp'nt aussitôt daus l' l'ait d' chaux,
Puis, ils secouent ce blanc liquide !

Du haut en bas, autour, dessus,
A petit's goutt's. ni moins, ni plus,
Ils en aspergent leurs cassures.
L' granit chiqu'té, dans l' bâtiment,
N'est pas mieux fait, assurément,
Et jamais y n'y a d' bavochures !...

C'est des savants, je vous le dis !
Quand on travaille les granits,
On travaill' les porphyroïdes.
Les feldspaths, le gneiss, les micas....
J'en sais plus d'un qui n' saurait pas
C' que c'est qu' ces mots bizarroïdes....

Nous sont-ils supérieurs ! mon Dieu !
Cantonnier ! ne l'est pas qui veut !
Pour cet état, faut un diplôme,
Un parchemin, un' bulle, un bref,
Et plus d'un est cantonnier-chef
Qu'il soit d' la Seine ou bien d' la Drome !

Oui ! M'sieur Yvon, j'vous l'garantis !
Tous leurs rêv's par eux sont bâtis,
Vous pouvez l'dire à Benouville !
Et quand ils font leurs tas d'cailloux,
Ils sav'nt ce qu'ils font bien mieux qu'nous
Malgrè qu'nous habitions la Ville !

Aussi, c'est eux qui sont l'av'nir,
Et j'crois qu'nous aurons beau gémir,

(Je parl'pour nous, gens de province),
Tant que nous n's'rons pas diplômés,
Un par un, nous s'rons dégommés,
A coups de pioche, à coups de pince !

Car, des Ecol's sans examen,
Sans diplôme et sans parchemin,
C'est d'la pommade sur un' béquille !
V'la pourquoi je m'fais cantonnier
Dans les Beaux-Arts, je s'rai l'premier ;
Ça s'ra même avant l'an deux mille !

COMTE L'A DIT!!

Cette union intime de l'Architecte
et de l'Entrepreneur....
(Paroles de M. COMTE).

L'autre jour, je fais un décompte,
J'évalue, estime et recompte
Le compte de l'entrepreneur :
Tant de rabais, tant pour l'escompte.....
Je le réduis !... Mais, quel malheur !
J'avais compté sans Monsieur Comte !

Amis, ceci n'est point un conte :
Si j'en crois ce qu'on me raconte,
Je dois, avec l'entrepreneur.
Maintenant, établir mon compte :
C'est le copain, l'ami de cœur !...
J'avais compté sans Monsieur Comte !

Mais, de la bouche d'un archonte,
(M'appelât-on : Monsieur le Comte !)
J'accepte l'arrêt sans rancœur,
Et pour établir le décompte
De mon ami l'entrepreneur,
Je n'oublierai pas Monsieur Comte !

Désormais, et, sans fausse honte,
Mon caractère, que je dompte,
Se plie au joug fascinateur !
Tous amis ! *partageons le compte !*
Ça rendra le client meilleur !
Oh ! merci ! merci ! Monsieur Comte !

10 janvier 1893.

SI PEU D'ÉCART !

M. Viette explique à la Chambre
qu'entre deux projets présentés,
il y avait *si peu d'écart* qu'il
n'avait pas de raison de choisir
l'un plutôt que l'autre....

Un jour, qualifié d' malotru
Par un monsieur fort incongru,
J' lanc' mes témoins pour cette affaire.
Les chanc's nous fur'nt égales, car
On mesura le même écart
Entre moi et mon adversaire....

J' fus pas touché, ni lui non plus,
Parc' qu'au lieu d' ball's y avait, inclus,
Des boul's de gomm' dedans nos armes !
Ça fit qu'après un déjeuner
Je pus rentrer dans mon foyer,
Auprès d' ma famille en alarmes.

J'y pensais plus ; mais v'là qu' l'aut' jour,
J' lis l'*Officiel* avec amour
(Ça m'arriv' quand j'ai d' l'insomnie).
De monsieur Viett' je vois l' laïus....
Vrai ! j' m'en frotte encor l'oculus !
J'ai pas dormi deux heur's et d'mie !

V'là donc c' qu'il avait dit, c' monsieur :
« Ces projets, sont d'égal' valeur ;
La différence n'est que d' neuf mille !
Alors qu'y a si peu d'écart
(Par suit' sans dout' d'un coup d'hasard)
Pourquoi donc Paul plutôt qu'Emile ? »

Non ! mais c't' argument m'a séduit,
Et, rêvassant dans mon réduit,
Bien chaudement sur ma paillasse,
J' pensais : D' chez nous jusqu'à chez vous,
C'est tout d' même que d' chez vous chez nous !
C't' horison m'ouvre un grand espace !

Et mon cerveau, dans l' cauchemar,
Disait : Non ! y a mêm' pas d'écart !
Je n' comprends pas la préférence....
Puisqu'y a pas d'écart, mon vieux,
Qu'on préfèr' celui qu' j'aim' le mieux,
Puisqu'ils s' val'nt tous les deux, qne j' pense !

Et c'pendant, dans mon cœur, y avait
Un' voix secrèt' qui m' susurrait :
Pourquoi choisir, si c'est les mêmes?
Sur cett' question que j' me soumis,
Naïvement, je m'endormis,
A la recherch' d'autres problèmes.

Voilà que j' viens d' me réveiller.
— On a beau longtemps sommeiller,
On s' réveill' toujours, miette à miette... —
Eh bien ! j'en suis tout d' mêm' surpris,
Hélas ! j'ai pas encor' compris
C' qu'a bien voulu dir' monsieur Viette !

14 février 1893.

L' « UNION » FAIT LA FARCE

Le cher baron Doitavoir
Voulut construire un manoir
    En Normandie,
Avec tourelles, donjon
Et murs faisant le plongeon
    Dans l'eau verdie.

Ses projets bientôt mûris,
Il fit venir, de Paris,
    Un *maître d'œuvres ;*
Car, chacun le sait à fond,
Les gens du pays ne sont
    Que des manœuvres !

« *Maître*, voici le terrain
Dont je suis le suzerain ;
    J'ai mon idée !... »
— C'est bien, dit-il, j'ai compris !
Et la chose, sauf le prix
    Est décidée.

Salle de gardes, fumoir,
Salon, billard et boudoir,
    Hall et services,
Tourelles, machicoulis,
Poivrières, pont-levis,
    Toilette, offices !

Voilà bien ce qu'il vous faut :
Frais l'été, l'hiver très chaud ;
    Ombre et lumières !
Par dépêche, incontinent,
Je convoque, en cet instant,
    Mes *auxiliaires !*

Le cher baron Doitavoir
N'attend même pas le soir,
   Car ils arrivent :
Le maçon, le charpentier,
Le peintre, le miroitier,
   Tous, ils se suivent.

Le menuisier, le couvreur,
Le serrurier, le fondeur,
   Viennent ensuite....
Bientôt, ils sont tous, en rond,
A la table du baron,
   Lors trop petite.

Puis, il vient des ouverriers,
Des gens de tous les métiers,
   A cette table,
L'un par là, l'autre par ci....
Le *maitre*, alors, dit ceci,
   En son voçable :

« Mes *auxiliaires* chéris,
Je vous ai tous réunis
   Pour *nos* affaires.
Vous allez vous prononcer...
J'ai besoin, pour commencer,
   De vos lumières.

Voici mon avant-projet :
Que chacun, pour son objet,
   Parle sans crainte !
Mes chers *collaborateurs*,
Dites tout, selon vos cœurs,
   Surtout sans feinte ! »

Le maçon dit : « C'est parfait !
Mais ajoutez, s'il vous plaît,
   Un peu de pierre ! »
Le charpentier dit : « Pour moi,
Augmentez un peu, du toit,
   La forme entière ! »

Le serrurier dit : « Mon cher,
Il faudra beaucoup de fer,

Beaucoup de grilles,
Jardin d'hiver, vérandah,
Des berceaux, par-ci par-là,
Dans les charmilles ! »

Le menuisier dit : « Compris !
Partout seront des lambris,
    Surtout en chêne,
Tout verni, ciré, poncé
Il faut que le temps passé
    Vaille la peine ! »

Le couvreur dit : « Zinc et plomb !
Que ça soit haut, large et long !
    Avec des crêtes,
Des épis, des estampés.
On veut des travaux tapés :
    Faut des pépètes ! »

Le peintre dit : « Faut encor
Beaucoup d'enduit, de décor
    De l'encaustique,
Filages, tous réchampis,
Ors, glaces ; sinon, tant pis
    Pour la boutique ! »

Puis, ensuite, un ouverrier
Dit, sans se faire prier,
    Dans son langage :
« Boudoir ? Què qu' c'est c't'animal ?
Pour bouder j'ai pas d' local,
Dans mon ménage ! »

Après, un autre ouverrier,
De suite, vint s'écrier :
    « De quoi ! ma branche ?
Un billard ? De quoi ? De quoi ?
J'ai pas d' sall' comm' ça chez moi,
    Mêm' le dimanche ! »

Après, un autre ouverrier
Qu'était dehors le premier,
    Pour aller boire,
Dit ; « Y a pas d' nécessité
D' mett' dans la pièce à côté
    Un' baignoire ! »

Se tournant vers le bourgeois,
Un autre lui dit : « Tu vois
   Comm' tout s'arrange !
Te fais-tu z'une opinion
De c' que peut produir' l'*union* ?
   Dis, mon bel ange ? »

On discuta jusqu'au soir
(Sauf le baron Doitavoir,
   Par trop profane),
Et, le lendemain matin,
On vit, reprenant le train,
   La caravane.

4 avril 1893.

LE FILS DU CHARCUTIER

LÉGENDE

Y avait le fils d'un charcutier
Qui n' savait rien de son métier,
Y n'était bon qu'à boir' la goutte.....
Son pèr' lui dit : tu me dégoûtes !

— T'es pas fichu d'faire un boudin !
Même un cerv'las ; tu n'es qu'un daim !
T'es pir' que les cochons que j' saigne,
Tu n'peux mêm' pas servir d'enseigne !

Alors, le fils du charcutier
Prit un' sauciss' dans du papier,
Un' mich' de pain, cent francs espèces,
Et s'enfuit du pays d' la graisse !

Il arriv' dans un aut' pays ;
Y dit : C'est p'têt' le Paradis !
Y cherche un métier honorable
Où l'on ne saign' pas son semblable !...

Si j'me mettais agent-voyer ?
Ça n'me coûte rien d'essayer.....
— Vrai ! qu'on lui dit, faut un diplôme !]
Vous ne l'saviez donc pas, jeune homme ?

L' fils du charcutier reprend l'train,
Y va dans un pays lointain ;
Dans un' ville, au débarcadère,
Y s'dit : j'crois qu' voilà mon affaire !

J' m'en vais vendr' des médicaments ;
De mes essais, c'est l'complément.....
On lui dit : Pour vendr' le jujube,
Faut un diplôm' de fin d'études !

L' fils du charcutier prend l'express,
Y s'en va dans un' vill' de l'Est.....
Y dit : J' vais mettr' vétérinaire,
C'est ça, pour sûr, qui f'ra l'affaire !

Y n'est pas sitôt installé
Qu'on lui dit : y faut détaller !
Pour exercer cette industrie,
Faut un brevet d' l'Académie !

L' fils du charcutier part là-d'sus ;
Vraiment, qui s' dit, je n'en puis plus !
A pied, il va dans la campagne
Et se trouv' bientôt près d' l'Espagne !

Au bord, il voit un douanier ;
Y dit : J'aim' beaucoup ce métier !
— Bah ! qu'on lui dit, pour qu'on t'admette,
Serment, d'vant l' juge, y faut qu' tu prêtes !

L' fils du charcutier, sans retard,
Prend l' ch'min qui s' rencontre, au hasard ;
Il arriv' dans une autre ville,
On l' reçoit d' un' façon civile !

Y s' dit : v'là d' quoi m' dédommager,
J' vas m'fair' méd'cin pour soulager
Les brav's gens qui sont dans l'marasme
Et leur fourrer des cataplasmes !

Vite, y s'install' docteur-médecin ;
Mais pour un' dos' d'huil' de ricin,
V'là qu'un quidam qu'est pas à l'aise,
Lui dit : où qu' t'as passé ta thèse ?

Y r'prend l' train et va dans le Nord ;
(La lumièr' c'est d'là qu'elle sort !)
Y s' dit : j' réussirais peut-être,
Si je m' faisais garde-champêtre !

Alors, le fils du charcutier
Y prend un sabre, un baudrier,
Et pose, sur son chef qu'il orne,
Aussitôt un joli tricorne !

Mais voilà le mair' de l'endroit
Qui lui dit : tu n'as pas le droit
De t'immiscer dans ces emblêmes,
Si tu n'as pas de plaqu' toi-même !

Le fils du charcutier s'en fut,
(Comme jadis Ahasveru),
Bien sûr qu'alors il se fatigue
Aussi bien que l'enfant prodigue !

Réfléchissant sur son malheur
Y dit : j' vas m' faire instituteur !
Pour éduquer les petits gosses,
J'ai bien encore assez de forces !

Il arrive dans un hameau
Pour enseigner ba, be, bi, bo.....
L'autorité municipale
Lui dit : Viens-tu de l'écol' normale ?

Alors, le fils du charcutier
Dit : Zut ! je me fais cantonnier !
Bien sûr que pour casser des pierres
On n' fera pas tant de manières !

Mais v'là l'Ingénieur qui lui dit :
T'est pas assermenté, mon p'tit !
Faut faire un stage, après enquête,
Sans ça, tu n'auras pas d' casquette !

Alors, y veut s'fiche avocat !
Quelqu'un lui dit : Y faut, dans c'cas,
Etr' licencié, sinon, décampe !
L'barreau lui fit lâcher la rampe !

D'être notaire il fut tenté ;
Mais chaqu' plac' c'est numéroté !
Avoué aussi, huissier tout d'même !
Comment résoudr' ce dur problême ?

Alors, le fils du charcutier
Se dit : Y a donc pas d'métier
Où sans ennui, chaque personne
Gagn' sa croût' sans qu'on la questionne ?

Comme il disait ces tristes mots,
Un loqueteux, couvert de maux,
Lui dit : il en est un peut-être
Où, tout de suite, on devient maître !

Hélas ! il m'a mis où je suis,
J'eus le tort (je l'ai su depuis),
Pour le pratiquer, de l'apprendre,
Aujourd'hui j'commence à l'comprendre !

Vite, le fils du charcutier
Dit, nomme-moi donc ce métier ?
L'autre répond : chétif insecte !
Installe-toi donc architecte !

Le fils du charcutier comprit
Car, il devint, bien lui en prit,
Huit jours après cette aventure,
Architect' d'une Préfecture !

Juin 1893.

DERNIÈRES NOUVELLES

Concours pour un emploi d'ar-
chitecte de la Ville de Fontaine-
bleau.

En Seine-et-Marne, tout va bien !
J'en ai la nouvelle excellente,
En une lettre qui me vient
Par le courrier de midi trente.

Ça se passe à Fontainebleau,
Pays boisé, de bonne mine,
Et je vais en faire un tableau
Qu'aux Incohérents je destine.

Ainsi que ça se passe ailleurs,
En cette île gouverne un maire,
Avec, aussi, des ingénieurs,
Mais, d'architecte, on n'en voit guère !

Ils dirent : tout le monde en a !
Suivons l'instar de tout le monde !
Voilà pourquoi l'on annonça
Un concours partout à la ronde !

Ils vinrent à quarante et plus,
On fit un abattis propice ;
Il n'en resta, Seigneur Jésus !
Que dix-sept, bons pour le service.

Le Maire, alors, dit: ça va mieux !
Coupons toujours, coupons encore !
Du coup, n'en resta plus que deux !
Deux ! ça n'est plus de la pléthore !

Deux ! Sûrement, c'est pas beaucoup !
L'affaire allait sur des roulettes !
Alors, vous croyez que c'est tout ?
Ah ! mon Dieu ! que vous êtes bêtes !

A l'instant, vint un ingénieur
Qui dit : Qu'est-ce donc qu'il se passe ?
J'ai quelque chose de meilleur
Qu'un architecte, pour la place !

Pesez-moi donc ce gaillard-là ?
Il est des *Ponts* et c'est un zigue !
Routes, canaux etcœtera,
Il fera tout, même une digue !...

Puis, s'il vous faut des bâtiments,
Nous avons des modèles-types !
Ils sont très beaux, ils sont charmants,
Et conformes aux vrais principes !

Le Maire, alors, dit, c'est parfait !
Vous nous sortez de notre impasse !
Nous prenons votre ours, il nous plaît !
Dites-lui qu'il aura la place !

5 mai 1895.

LES NAIFS ARCHITECTES

COMPLAINTE

> Les architectes ayant eu la naïveté de protester contre l'ingérence des agents-voyers dans les travaux publics et privés, le ministre les envoya proprement se coucher.

La gent provinciale,
Ainsi que l'*union syndicale*,
Se donnèrent le ton
De déposer un' pétition !
   Elle alla, ma chère !
   Dans le Ministère
   Que, par cas fortuit
   Tient monsieur Dupuy
C'était, à ce qu'on croit,
La remettre en un bon endroit !

Le Ministre, à sa vue
Dit : Me faisons point de bévue !
Mon chef de division,
Examinez la pétition !
   Le chef, d'un œil trouble
   Voit ce papier double,
   Il dit aussitôt :
   Mon chef de bureau,
Approchez-donc ici !
Voir ce papier qu'on a noirci !

L' chef de bureau s'approche....
Il met les papiers dans sa poche
Et dit : à temps perdus,
J'en examinerai l'inclus.
    Et puis, le front moite,
    Rentre dans sa boîte.
    Au garçon d' bureau
    Il dit : Quel fardeau !
Prends ce papier, d'abord,
Et tu me feras un rapport !

L' garçon d' bureau se sauve....
(Vous ai-je dit qu'il était chauve ?)
Il dit : C'en est assez !
Maintenant, on n' peut plus pioncer !
    Pourtant il s'installe
    Devant une table,
    Et lit en tremblant,
    Le papier troublant....
Il s'écrie aussitôt :
Non ! c'en en est trop ! non ! c'en est trop !

Là-dessus, il s'affaisse
Subitement dessus sa fesse....
Passe un agent-voyer,
Qui s'empare de son papier....
    Voyant sa faiblesse,
    Il dit : Qu'est-ce ? qu'est-ce ?
    Ce papier est-il
    Un poison subtil ?
Et dans son cabinet
Court, pour en avoir le cœur net !

Il lit cette supplique
Et s'écrie alors : Tout s'explique !
Et dans l'incognito,
Rédige un rapport, subito !
    En guis' de réponse
    Du garçon qui pionce,
    Le fourre aussitôt
    Dans le paletot.
L' garçon, avec bonheur,
Va l'porter à son supérieur !

    Par voie hiérarchique
Celui-ci remet la supplique

Au chef de division
Qu'avait pas lu la pétition !
— En définitive
C'est la négative,
Lui dit-il, monsieur
Mon cher supérieur !
— C'est bien, dit icelui,
Je vais en parler à Dupuy !

Il prend un air sinistre
Et s'en va parler au ministre.
Il dit : Savez-vous bien
De qui la pétition nous vient ?
Cette prose abjecte,
C'est des Architectes !...
Mais sur ce rapport
Nous serons d'accord !
Pour une bonne fois
Il nous faut les mâter, je crois !

Alors, son Excellence
Ayant pris sa plus bell'prestance,
Dit : Vous avez raison !
Les Architeq' c'est d' la poison !
Et, puis qu'on s'insurge,
Je vois que ça urge,
Frappons un grand coup
Et ce sera tout !
Il faut les nettoyer,
Pour fair' place à l'agent-voyer !

Par une circulaire,
A tous, il nous fit notre affaire...
Vite elle circula
Et c'est pour ça que nous voilà
O chétifs insectes !
O vils architectes !
Aplatis auprès
Des casseurs de grès !
Hélas ! qu'il nous en cuit
De solliciter m'sieu Dupuy !

Octobre 1893.

LI ROUMAN DES GRENOUILLES

QUY SOULOIENT ÉQUIPOLLER NYMPHES DES FONTAISNES (1)

Au temps iadis, en tel païs
Nommé Prouvince, au tems iadis
Vivoit grenouillante peuplade
Icelle, en ses puans marais,
De l'aube au soir et, sans arrêts,
Croassait sa chanson maussade !

D'ung lémuchon se nourrissant
Pour le surplus, tousicurs issant
Le cul, d'une feuille acquaticque,
Le ventre blanc et le dos verd,
Chantoient été, chantoient hyver,
Une chanson mélancolicque.

Et, cepourtant qu'aux bords flouris
D'ung païs appelé Paris,
Vivoient les nymphes des fontaines
De parfum, de sucs et de miel
Et dans le flot, bleu comme ung ciel,
Se baignoient, blanches par centaines !

Adonc, le peuple grenouillard,
Posé dessus son nénufar,
Voyoit, de loing, les belles fillès
Et, sospirant disoit : pourquoy ?
Pourquoi subir tant dure loy ?
Nymphes, soyez, pour nous, gentilles !

---

(1) Discours de Ch. Garnier, comparant les architectes Parisiens aux nymphes des fontaines.

Faut dire aussy qu'en ce marais,
Testards (grenouilles à peu près,
Ou grenouilles à la mammelle)
En grand nombre grouilloient tousiours,
Attendant ce plus beau des iours,
Où seroient grenouilles, tant belles !

Grenouilles, de l'air le plus doulx,
Disoient : nymphes ! écoutez-nous !
Beautés issant de l'onde pure,
Nous vous donnerons des concerts...
Croa ! Croa ! nos plus beaux ayrs
Retentiront sous la ramure !

Lors, les nymphes, emmi les eaux
Batifolant dans les roseaulx,
Dirent : grenouilles, nos amies,
Votre chant n'est mélodieux,
Vos regards sortent de gros yeux !
Pour gentes, vous ne l'estes mie !

Vos chants, pis que crécelles sont !
Et pour la grâce, bond par bond,
Vous sautillez dedans la boue !
Rien mieux que vous sont les testards
Fortes testes que les hasards
Font frétiller dans la gadoue !

Nous, si vous ne le savez point,
Déesses, dont l'Etat prend soin,
Sommes personnes fortunées !
Quand vous estes dans vos marais,
Nous donnons folastres congrès
De jeux, de ris, accompagnées !

Oserez-vous, ô batraciens !
Lever les yeux sur tous les biens
Qu'en nous versa dame nature !
Voulez-vous, estres peu subtils !
Entrer aux bastiments civils
Dont nous faisons seule parure ?

Es historiques monumens,
Voulez-vous doncque, à tous momens,

Partager avec nous la vue ?
Es bastimens diocésains
Voulez-vous donc, par bonds soudains,
Vous transporter ? troupe incongrue ?

Alors que, dedans ces beaux lieux
Nous espandons nos chants joïeux,
Les fleurs, l'encens, la poësie,
Voulez-vous donc, marécageux !
Prendre part à ces iolis ieux
Que nous promet la phantaisie ?

Plustot que vous veoir parmy nous,
Nous choisirons, en dessous vous,
Ces testards imparfaicts et flasques,
Et mettrons ces agens-voïers,
Dessoubs nos toits hospitaliers,
Bien à l'abry de vos bourrasques !

Fini, cet amoureux débat,
Les grenouilles flrent : croa !
Disparaissant en une pause,
Durant que, des nymphes des eaulx,
Au milieu des feux de bengaulx
Resplendissoit l'apothéose !

22 novembre 1893.

COMPLAINTE DU NON-RÉSIDANT

Est-il rien sur la terre
Qui soit plus émouvant
Que la grande misère
Du bon Non-Résidant ?
Jamais on n'avait vu
Un homme aussi déçu.

En son âme candide
Il se disait souvent :
Résidant, qui réside !
Je suis non-résidant....
Hélas, que c'est vexant
D'être sans logement.

Passant de ville en ville,
On le vit demander
Partout un domicile
Où il put résider !
Mon Dieu ! quelle douleur !
Il n'eut pas ce bonheur !

Un jour, dedans Lutèce
Il vit un Résidant
Qui lui fit politesse
Même le saluant ! ! !
Lors, il se dit : Enfin !
De mon mal, c'est la fin !

Résidant ! fais qu'il cesse.
Mon martyre trop long !
L'autre, aussitôt s'empresse,
Le conduit sous un pont.
Il lui dit : Là-dessous,
Ça te semblera doux !

Sur le bord de la Seine
Le bon Non-Résidant
S'installe avecque peine
En se disant : Pourtant !
Si l'on n'est pas très bien,
C'est encor mieux que rien !

Mais la nuit était froide,
Au jour, — plaignez son sort ! —
On le trouva tout roide ;
Mais il n'était pas mort.
Un Résidant passa,
Vite le ramassa.

Le conduisit sur l'heure
En des hôtels fort beaux
Qui étaient la demeure
Des Résidants centraux ;
Puis, il le fit asseoir
Au feu jusques au soir.

Il lui dit : vois donc comme
On s'entr'aide chez nous !
Maintenant, mon pauvre homme,
On tire les verroux :
Il faut aller chercher
Un gîte où te coucher !

— Mon Dieu ! Miséricorde !
Dit le Non-Résidant.
Il s'en fut à la corde
Chercher un logement,
Si point il ne dormit,
La vermine s'y mit !

Alors, dans son déboire,
Ne pouvant plus dormir,
Ni manger et ni boire,
Il voulut. pour finir,
Se pendre... quel guignon !
La ficelle se rompt !

Il se jette à la Seine !
O funeste projet !
Au bord, il se ramène,
Car il savait nager

Et, de ce coup encor,
Ne trouva pas la mort !

Dans une chambre, il porte
Un réchaud de charbon....
Voilà que, par la porte,
S'introduisit un larron !
Un bon cambrioleur
Qui le sauve, ô douleur !

Un pistolet qu'il arme
Après ça, fait long feu...
Ça vous tire une larme
Quand on y songe un peu !
Non Résidant têtu !
Où donc logeras-tu ?

Chez un potard il sonne,
Demande du poison,
On lui confectionne
Vite une potion....
L'potard inattentif
Lui donne un purgatif !

Ne pouvant, de sa vie,
Trancher le triste cours,
De la route suivie
Il reprit le parcours....
Jamais ne résidant,
Il marcha très longtemps.

Il marche encore comme
Jadis le Juif-Errant.
Quand il passe, pauvre homme !
On dit en soupirant :
C'est le Non-Résidant
Semblable au Juif-Errant.

Car une résidence
Jamais il ne l'aura !
Quelle triste existence,
Pauvre martyr, il a !
Plaignons sincèrement
Le bon Non-Résident !

MARIUS NOUS A DIT NOS VÉRITÉS ! [1]

A M. A. Dupuis

Pour apprécier l'Architecture,
Rien ne vaut la littérature :
Il a raison, monsieur Vachon !
Marius aura mon estime,
Et le peintre, pauvre victime,
Peut maroufler ce qu'il croit bon !

Par exemple, moi qui vous cause,
Si je veux faire un salon rose
A cette heure, j'admets déjà
Qu'avec le pied dans le derrière
Le barbouilleur me dise : « Arrière ! »
Et me traite encor de goujat !

De quoi nous mêlons-nous, mes frères !
Aujourd'hui, demain et naguères,
C'est Vachon qui doit décider !
Allez donc voir l'Hôtel-de-Ville
Et la peinture indélébile
Dont notre art s'est accommode !

Car, nous sommes de vilains cuistres ;
Ils le feront voir, nos ministres
Et tous les ceux qui sont autour !
L'art industriel, ce perfide,
Dégringole sous notre égide,
Avec tous les Arts d'alentour !

La ferronnerie est en baisse !
Le carton-pâte nous délaisse,
Comme aussi bien les vitraux d'art !
Comme aussi la menuiserie !
Comme aussi l'ébénisterie !
Vachon l'annonce quelque part !

---

(1) M. Marius Vachon dans un volumineux rapport sur les industries
d'art en France et à l'étranger a découvert que les Architectes n'appor-
taient aucun concours au développement de ces industries.

Car, Marius sait son affaire ;
Il trouve le bouc émissaire
Et l'écrase sous ses rapports !
Ce bouc, c'est toi ! c'est moi ! nous autres !
Redisons l'Acte des apôtres,
Couverts de cilices très-forts !

Comment voulez-vous qu'il se trompe ?
Puisqu'il touche, il émarge, il pompe
Dans le budget officiel !
Il se ballade dans l'Europe,
Puis, en cinq sec, la France écope
Cinq volumes, doux comme miel !

Il nous trouve comme des oies !
— Le ministère est dans les joies
A crever tous les ronds de cuir ! -
Ah ! Vachon ! sors-nous de l'abîme !
Ah ! Marius ! sois magnanime !
Dis-nous comme on en peut sortir !

11 octobre 1897.

L'ART POINÇONNÉ

A mon ami Joseph Prud'homme

> Sous le titre de Société de l'art pré-
> cieux de France, sous la présidence de
> M. Gérome se constitue une collecti-
> vité dont le but est de produire des
> œuvres d'art et de donner à celles qui
> le mériteraient la sanction d'une va-
> leur incontestable qu'un POINÇON CER-
> TIFIREA.
>
> *(Les Journaux).*

Mon cher Joseph, tu connais la nouvelle ?
Monsieur Gérome, avec ses campagnons,
Vient de créer une usine modèle
Où les objets sont marqués de poinçons.

Si, désormais, pour orner ton cottage,
Un bon tableau te semble être le mieux,
Il te suffit de voir le poinçonnage !
Pour le surplus, tu peux fermer les yeux !

Et si tu veux un bronze sur un socle,
Une faïence, uu buste, un médaillon,
Va l'acheter sans sortir ton binocle,
Si le vendeur garantit le poinçon !

Car, nous allons de progrès en merveilles,
Par le poinçon, plus rien n'est frelaté !
Crevons nos yeux, bouchons-nous les oreilles !
De ces deux sens, vois l'inutilité !

Si, par hasard, un jour, tu fais construire,
Pour l'architecte, il faut voir avec soin,
En lui donnant tes projets à conduire,
Si, dans le dos, il est marqué d'un coin !

Mon vieux Joseph ! dis ! quel progrès extrême !
Je vois le jour où tous les écrivains
Seront marqués d'un très visible emblême
Pour tout roman frais sorti de leurs mains !

Loti, Bourget, fiers de ces tatouages,
Des boulevards formeront l'ornement !
Gérome aussi, comme Garnier, je gage !
Car le POINÇON voudra dire : talent !

Joseph ! Joseph ! demande l'estampille
Pour l'objet d'art (l'objet d'*art précieux*)
Et sois ainsi bon père de famille —
Pour Olida, (1) tu l'exiges, mon vieux!

22 octobre 1897

---

(1) Les jambons Olida sont marqués d'une estampille.

RESPONSABILITÉS

à M. Bissuel

J'suis un pauv' lascar sans travail !
J'ai trop d' malheur su' ma boussole.
L'ouvrier, c'est un vrai bétail,
Et les patrons, y s'paient sa fiole !

V'là la loi su' les accidents :
J'en ai soupé, moi qui vous parle !
Des noisett's quand on n'a plus d'dents !
Aussi vrai que j' m'intitul' Charles !

Ainsi, un jour que j'étais bu,
(J'étais, pour lors, dans la vidange),
J'pass' près du trou..., est-c' défendu ?
Et j'pique un' têt' dans c'sal' mélange !

On me r'pêche presq'asphyxiqué ;
Me v'là dans l'pieu plus d'un' quinzaine.
Naturell'ment, j'ai z'attaqué
Mon patron pour c't' histoir' malsaine.

Ben sûr que vous dit's, pas vrai
On lui a collè l'billet d' mille ?
Oh ! là ! là ! c'te blagu' ! j'suis nàvré !
Y n'a rien payé, c'sal' gorille !

C'est l'contremaîtr' qu'a écoppé ;
Y n' l'a pas volé, c'est un' rosse !
J'ai eu ma paie... je m'suis tapé
Pour le rest' ! rien pour fair' la noce !

Y savait pourtant qu' j'étais bu
(Un vieux restant d'un jour de flemme !)
Au bord d'la fosse, y m'avait vu !
Faut-y qui soye cochon tout d'même !

Son patron l'a r'mercié du coup,
Pour l'apprendre à veiller ses fosses !
Et maintenant qu'y n'a pus l'sou,
Y d'mand' l'aumône avec gosses!

Reims 18 juin 1898

DANS ANGOULÊME

Dans un concours pour un emploi d'architecte départemental dans la Cha-
rente, les concurrents doivent sortir
de l'Ecole des Beaux-Arts, de l'Ecole
spéciale d'Architecture ou de l'Ecole
centrale des Arts et Manufactures.

Pour être admis à concourir
A concourir, dans Angoulême,
Sais-tu pas ce qu'il faut fournir ?
Quelle œuvre d'art ou quel problème ?

Dis ? le sais-tu ?... L'homme du Nord
Qui vient de Lille ou de Solesme,
Et celui qui de Nice sort,
Sont-ils admis dans Angoulême ?

Si c'est du talent que tu as,
Si, de plus, tu es fort en thème,
Je le dis, tu te fouilleras
Et n'iras point dans Angoulême !

Mais si, disciple d'Ictinus,
Des Beaux-Arts, tu lèchas la crême.
(Où même chez Lassissimus !)
Tu peux venir dans Angoulême !

Les Manufactures, les Arts,
Pareillement et tout de même
Te feront, sans trop de retards,
Pénétrer au sein d'Angoulême !

Mais si tu sors de n'importe où,
Ne prends pas le train d'Angoulême
Avec du génie ?... es-tu fou ?
Serre d'un cran, et fais carême !

Lasciate ogni spéranza
Pipi ! caca ! tarte à la crême !
Don Quichotte et Sancho Panza !
Ah ! zut ! alors ! pour Angoulême !

17 novembre 1898

LE DIPLOME

J'AI TROUVÉ LE JOINT !

Passant dans une rue étroite,
Je vis une espèce de boite
Avec des vitres en papier ;
Les murs, tout noirs, sentaient la fosse,
La vermine faisait la noce
Dans ce taudis hospitalier :

Pourtant, sur ce logis minable,
Une pancarte lamentable
Pendait, au bout d'un vieux cordon,
Sur sa face, au rabot soustraite
Une enseigne se trouvait faite,
Comme écrite avec un charbon.

On y lisait : *Jean Théophile*
Par le maire de cette ville
Seul *ramoneur* autorisé,
Et cet écriteau, sous la pluie
Prouvait que pour gratter la suie,
Un bon diplôme est imposé !

Tel Archimède au temps antique,
Je lâchai l'Euréka magique !
Le problême était résolu,
Et je vous en fais confidence.
Désormais, plus de concurrence,
Frères ! le temps est révolu !

Plus d'astucieux parasites,
De ce jour, c'est nous les élites !
A nous l'honneur et les honneurs !
Architectes ! que vous en semble ?
Sollicitons avec ensemble
Le diplôme des ramoneurs !

janvier 1899

PLAT DU JOUR

A l'ami Besnard

Mon vieux Besnard, que tu es donc naïf !
Quoi ! tu voudrais avecque ton canif,
Couper, trancher, dans l'Administratif ?
Tu es donc fol ou à peu près semblable !
Pour te lancer, ainsi qu'un ouragan,
Il te faudrait un sabre, un yatagan
Un tranche-lard, un couteau de brigand !
Si non, tu fais un fiasco lamentable !

Quoi ! tu voudrais, dans les diocèsains,
Des abattis formidables, malsains,
Quoi ! tu voudrais les tuer par essaims,
Et farfouiller dedans leurs kilomètres !
Même, poussant ton âpre sentiment,
Il te plairait voir chaque monument
Prolifièr incestueusement
Chez son voisin, aux dépens de nos maîtres ?

Non ! tu le sais, celà ne se peut point !
Malgré qu'en l'air tu agites ton poing
Dans le budget, respecte, avant tout, l'oint.
L'oint du Seigneur qui, de Paris, nous tombe !
Fais supprimer le gendarme subtil,
Le magistrat, comme l'alguazil,
Aussi l'armée, et le gabelou vil ;
Mais, à part ça, n'allume pas ta bombe !

Non ! tu te fais du tort, mon brave enfant !
Comment ! Souffler dans ton grand oliphant
Parce que toi, tu crois que ça se fend,
Et que ça craque et que ça se décolle,

Ah ! que n'es-tu philosophe à peu près?
Si tu l'étais, au moins, tu le saurais
Que, même, usant tes ongles sur des grès !
Tu ne feras rien autre qu'une école !

Car, crois en moi, c'est l'Administratif
Qui nous gouverne et lui qui, mort ou vif,
Te fichera son poing dessus le pif !
Gare à qui vient pour lêcher son fromage !
Bon Don Quichotte épris de sens commun,
Mets ta cuirasse et ton heaume et chacun
Dira tout bas, reniflant ton parfum.
Qu'il est gentil ! hélas ! c'est bien dommage !

21 janvier 1899.

ENFIN !

A M. G. Balleyguier, architecte. (1)

J'ai l'honneur de vous adresser
Mes compliments, mon cher confrère !
Grâce à vous je viens de passer
Un moment de plaisir sincère.

Quoi donc ? le mal dont nous souffrons,
Le mal terrible qui nous mine,
Gagne Paris ? les environs ?
Quoi ! vous avez de la vermine ?

Tant mieux ! tant mieux ! on nous verra
Désormais lutter côte a côte,
Pour sauver du phylloxéra
Le renom d'honneur qu'il nous ôte !

Car Paris l'ignorait, c'est sûr,
Le mal dont souffre la province.
Mal qui flétrit le bon fruit mûr !...
La découverte n'est pas mince !

Depuis dix ans, tout justement,
Nous conspuons les *archetèques*,
Et depuis, le Gouvernement
Nous renvoie aux calendes grecques !

---

(1) M. Balleyguier, dans l'*Architecture*, s'est élevé avec énergie contre les architectes marrons et les parasites.

Mais, maintenant que, dans Paris,
Le parasite fait des siennes
Espoir charmant, tu nous souris !
Et nos cœurs chantent des antiennes !

Valsons ! tournons et diplômons !...
Autorisons !... peu nous importe !
Aujourd'hui, c'est vous, compagnons,
Qui mettrez la bête à la porte !

30 janvier 1899

LES GNONS !

Dans un département de France, un
certificat d'entrepreneur n'est valable
que s'il est signé par un Architecte du
Gouvernement !

A l'ami Planckaërt

Les architectes, c'est gentil,
Qu'ils soient de face ou de profil,
Jolis de corps, innocents d'âme,
Ils ont, dans notre humanité,
Le don de la naïveté
Candeur d'enfant ! vertu de femme !

Aussi, quand un cher compagnon,
Sur la face, reçoit un *gnon*,
Il écarquille les paupières....
Qu'est cela ? D'où cela vient-il ?
Avec un pleur au bout du cil,
Il s'attendrit sur ses misères !

Pourquoi ce *gnon* ? Vraiment pourquoi ?
A-t-il enfreint la juste loi ?
A-t-il froissé quelque épiderme ?
Il se le demande anxieux ;
Il interroge terre et cieux,
Hélas, et sans trouver le terme !

L'affaire des Certificats,
C'est, ou je ne m'y connais pas,
Un *gnon* d'une assez belle forme,
Un *gnon* subtil, inattendu !
Un *gnon* parfait, un *gnon* énorme !

Oui ! c'est un vrai *gnon* collectif
Que nous recevons sur le pif,
Un *gnon* — tempête qui culbute !
On ignore quel est le poing
Qui nous massacre, qui nous poinct,
Au milieu de nos airs de flûte !

Et nous voilà tous ébaubis,
Sans ressorts, attendant le *bis*
Qui doit nous achever, sans doute...
Et, sans force dans nos malheurs,
Devant les certificateurs,
Nous courberons la tête, toute !

Pauvre peuple persécuté,
Je te dirai la vérité !
Je sais d'où viennent les taloches !
Ouvre ton organe auditif....
... Ça vient de l'ADMINISTRATIF !
C'est lui qui cogne nos caboches !

Car, l'Administratif est tout :
Le Pimpocan, le Manitou...
Son bon plaisir décore ou tue !
Il réglemente l'idéal
Par le système décimal !
Au poids, au mètre, la statue !

Il donne le *gnon* paternel
Tant pour vous, pour moi, pour un tel,
Si l'on n'a pas son estampille !
Car, le pain du gouvernement
Ne peut servir aucunement,
A qui n'est pas de la famille !

16 février 1899.

PLUIE DE PALMES

Musique de *M. François Coppée.*

Mignonne, voici l'Avril !
L'*Officiel* revient d'exil,
Fleurissant les boutonnières ;
L'air est pur, le ciel léger,
Et partout, l'on voit neiger.
Les palmes avant-courrières !

Prends, pour que nous en trouvions,
Chez les chefs de divisions,
Le chemin des ministères...
Si tu n'es pas de Paris,
Hate-toi ! car tout est pris :
Les vieux amis sont des frères !

Entends-tu ce bruit charmant ?
Il caresse tendrement
Les palmes académiques
Qui voltigent par essaims !
Paris en a quatre-vingts
Sur cent, de ces fleurs magiques (1)

Que n'es-tu près du soleil,
Rural, être sans pareil,
Qui dors dans les ombres calmes ?
N'as-tu pas un sénateur ?
Ou n'es-tu plus électeur ?
Pourquoi n'as-tu pas les palmes ?

6 mars 1899

---

(1) En mars 1899. Il a été distribué 80 palmes académiques à des architectes Parisiens. La province en a reçu généreusement 20 !

PLAIDOYER POUR LES SERRURERIERS

A M. Bissuel.

Monsieur, je suis serrurerier,
Bon citoyen, bon ouverrier,
Et, d'puis longtemps, j'ai fait mes preuves !
Je sais fair' la rampe et l'balcon,
On en peut voir de ma façon
Dans tout's les constructions neuves !

J'sais tortiller un enroul'ment,
D'la menuis'ri' j'pos' le ferr'ment
Sans trop encrasser la bois'rie ;
Serrur's, sonnett's, en cuivre, en fer,
Grill's, vérandas, tout ça, pas cher,
Enfin, l'fourbi d'mon industrie !

Sur la tôl' quand j'en ai besoin
Avec ma crai' j'file avec soin
Des dessins d'panneaux, d'balustrades,
Tout ça, torché dans l'goût qu'on veut,
J'défi' l'bourgeois d'trouver un ch'veu
Dans c'que j'fais, ni les camarades !

L'aut' jour, j'apprends qu'à la Têt' d'Or,
L'Conseil de Lyon, qu'aim' le décor,
A décidé d'faire un' bell' grille...
Bon ! que j'me dis, v'la l'occasion
D'fair' quéqu' chos' qui aura du flon !
Et su' l'résultat, j'suis tranquille !

Archetèque et serrurerier
Pour le concours vont s'déployer,
C'est Bibi qui vous f'ra la pige !
Et j'couch' ma tôl' sur les trétaux,
J'trac', j'efface et j'fais des rinceaux !
C'était chouette à donner l'vertige !

J't'nais mon projet, quand v'là qu'j'apprends
Qu'les archetèqu' sont pas contents
D'êtr' su'l' mêm' rang pour cette ouvrage,
Et qu'i' protest't à tour de bras !...
Bon ! que j'dis, m'v'là dans l'embarras !
Et mon projet va fair' naufrage !

Mais, réfléchissant à part moi,
Je m'dis : les archetèques, quoi !
Un chacun peut s' dire archetèque !
Pour lors, si que j'veux concourir,
I'gnia qu'un truc pour aboutir ;
J'décroch'rai la timbale avecque !

De suit' chez un graveur j'm'en fus
Et j'lui fis fair' pour deux écus,
(Ça n'm'a pas coûté d'hypotbèque)
Un' bell' plaqu' de cuivre qui r'luit
Et mon nom au-dessus d'celui
De SERRURBRIER-ARCHETÈQUE.

24 mars 1897.

L'ODIEUX FORFAIT

(HORRIBLES DÉTAILS)

Il me dit : je veux, à forfait,
Un immeuble coquet, bien fait,
En toute huit pièces, plus l'office ;
Des appartements pas trop grands....
Je consacre vingt-mille francs
A construire cette bâtisse !

Le projet fait, il dit : c'est bien !
Lors, un entrepreneur survient,
Qui prend à forfait l'édifice.
Il commence par le sous-sol...
Le terrain, étant un peu mol,
Accroît le coût de la bâtisse.

Ça sort de terre. Il dit : je crois
Qu'il faut cinq marches et non trois !
Un beau perron fait mon délice !
Sans désirs trop exubérants,
Ce n'est pas pour quelques cents francs
Que je raterai la bâtisse !

Les murs montés, il dit : heu ! heu !
Je voudrais voir, du coin du feu,
Quelque champ vert qui réjouisse !
Mettez-moi des glaces sans tain,
Quelques cents francs, c'est bien certain,
Rendront commode ma bâtisse !

Quand on eut changé les conduits,
On éleva l'étage, puis

Il me dit : avant qu'on finisse,
J'ai pensé qu'un comble mansard
Permettrait de mettre un billard....
Ça complèterait la bâtisse !

Le plan du comble étant changé
En étage est aménagé....
(Je suis content que ça finisse !)
Un beau jour, il me demanda :
Pensez-vous qu'une véranda
Serait de trop dans ma bâtisse ?

On la fit. Mais dans le couloir
Les carreaux étaient blanc et noir ;
Il me dit : J'ai peur que ça glisse !
Une mosaïque d'émail
Ce n'est pas un bien cher travail,
Que de gaieté dans la bâtisse !

On fit l'émail : c'était très chic...
L'escalier vint, voilà le hic !
Il me dit : la rampe est trop lisse !
Je veux de la sculpture en plus,
Ce n'est pas pour quelques écus
Que je gâterai ma bâtisse !

J'obéis. Il me dit : mon bon,
Il faut décorer mon salon !
De l'or ! du staff ! qu'on le vernisse !
J'aurai l'air d'un pingre, entre nous.
Si je regarde à quelques sous
Pour le confort de ma bâtisse !

Bref, chaque jour, chaque moment,
Il ajoutait un agrément
— Pas grand'chose ! — à son édifice !...
Vinrent les comptes, bien roulés,
Où les vingt mille étaient doublés !...
(Oui ! quarante, pour sa bâtisse !)

Ah ! quel épouvantable éclat !
Quoi ?... pour des riens, par ci, par là !
Le prenait-on pour un novice ?
Un forfait ! que diable ! un forfait !
Encore, si c'était parfait !
Mais tout est mal, dans sa bâtisse !

Avec ses staffs, avec ses ors,
Il m'a mis salement dehors !
— Je suis au Palais de justice,
Plaidant, l'entrepreneur aussi —
Des experts viendront par ici !
Zut ! au forfait dans la bâtisse !

25 avril 1899.

CONSEILS A MON FILS

SUR L'ART NOUVEAU

Mon fils, si, comme je l'espère,
Tu suis le métier de ton père,
Fais, pour en tirer ce qu'il vaut,
    De l'Art nouveau.

Qu'on exécute sur épures
Tes dessins, compris les bavures,
Tout ce qui sort de ton cerveau,
    C'est l'Art nouveau !

Et surtout, plus d'idée étroite,
Tortille, fuis la ligne droite,
Effiloche ton écheveau
    C'est l'Art nouveau !

Place les cabinets d'aisances
Près de la place ou tu bombances,
Et prends-y jour par un carreau,
    C'est l'Art nouveau !

Jette la fleur, garde la tige,
Ça commence en saindoux qui fige
Et ça finit en mou de veau,
    C'est l'Art nouveau !

Et, pour le chassis qui t'éclaire
Jette ta vitre sur la terre :
Mets en plomb morceau par morceau,
    C'est l'Art nouveau !

Original, si tu veux l'être,
Comme trumeau, mets la fenêtre,
Comme fenêtre, le trumeau
    C'est l'Art nouveau !

Dessine un mobilier toi-même
Et pot de chambre et pot à crême,
Casserole, arrosoir, fourneau,
    C'est l'Art nouveau !

Pour le tapis, travaille encore,
Le papier peint comme le store,
Doivent sortir de ton pinceau,
    C'est l'Art nouveau !

Romain, grec, roman ou gothique,
Qui, que, quoi, dont, payen, mystique
Navet, carotte, oignon, poireau,
    C'est l'Art nouveau !

Tu peux piquer dans ce mélange !
Mets, si tu veux paraître étrange,
A la base le chapiteau
    C'est l'art nouveau !

Je ne crois pas qu'on te comprenne,
Mais qu'importe si, pour ta peine,
Tous les snobs heurtent ton marteau !
    C'est l'Art nouveau !

Ton nom ira de bouche en bouche,
Les Instituts feront ta couche
Et le Panthéon ton caveau,
    Pour l'Art nouveau !

9 juillet 1899.

OU IL EST QUESTION DU MONSIEUR

QUI A DÉJA FAIT BATIR

Ayant cédé son fonds, après fortune faite,
Maître Annibal(1) Branchu, l'ex-marchand de fourneaux
(D'ailleurs fourneau lui-même) eut une idée en tête :
D'un habitacle à lui, commencer les travaux.

Il fit les plans tout seul (étant de la partie)
Et, sur le bord du *Cours* de son pays natal,
Tout juste un an après, la maison fut bâtie,
La *plus belle maison*, dit-on dans le journal !....

En effet, elle avait tourelle en poivrière,
De la fonte gothique et du zinc estampé,
Des vitraux en papier qui simulaient verrière,
Des décors au pochoir sur un fond au *tapé !*

La salle à manger fut meublée en moyen-âge,
Le salon Louis Quinze, Empire le bureau,
Et, pour la Renaissance, elle occupa l'étage,
Le Grec et le Romain restant sur le carreau !

Il plaça des chromos dans des cadres chimiques,
Des socles noirs portant l'urne de plâtre peint,
Il mit un enfant nu, tenant la vasque antique
Dans une niche ornant l'escalier de pitchpin.

Un an était passé depuis cette merveille....
Il me vint un client, escorté de Branchu...
C'est Branchu qui parla : « Monsieur, que je conseille,
Voudrait faire bâtir et ma maison lui plut !

---

(1) Je suis enrhumé du cerveau.

Nous, sommes, entre nous, tous deux presque confrères,
Je suis du bâtiment, je faisais des fourneaux ;
J'ai quelque expérience, un goût pour ces matières,
Et je *vous aiderai*, Monsieur, dans ces travaux ?

Mon ami que voilà goûte fort ma demeure
Et, dans le même style, il voudrait son logis ;
Nous l'irons visiter ensemble, tout à l'heure,
Et je vous permettrai d'en prendre des croquis ! »

Vous savez tous déjà que je ne suis pas riche,
Et, tout humilié, j'acceptai le contrat...
Docile, je suivis Branchu comme un caniche...
Et qui donc, parmi vous, me le reprochera ?

Je voulais, cependant, échapper à *son style*
Et je m'ingéniai, luttant sans réussir ;
Mais Branchu me tenait, solennel, imbécile :
Je m'y connais, Monsieur ! J'ai *déjà fait bâtir!*

Et mon client disait : Monsieur ! je vous en prie ?
Branchu s'y connaît bien, il a beaucoup de goût !
Il est du bâtiment, d'ailleurs ! c'est sa partie
Et, pour ce que je veux, l'expérience est tout !

Plus mal que bien pourtant, s'acheva la bâtisse,
Branchu la surveillait, du matin jusqu'au soir,
Et si quelque détail plaisait dans l'édifice,
Il disait : c'est de moi ! mais j'eus peine à l'avoir !

Si quelqu'un critiquait et trouvait à redire...
Ah ! je l'avais bien dit ! se récriait Branchu,
J'ai fait ce que j'ai pu, Monsieur pour l'interdire !
(C'était moi qui signais tout travail mal fichu !)

Et depuis lors, hélas ! dans ce que j'exécute,
Je sens l'œil de Branchu, sur moi, s'appesantir...
Et jamais un client ne fera sa cabute
Sans prendre son conseil, car : *il a fait bâtir* !

10 août 1899.

———————

LE CURÉ-ARCHITECTE [1]

Permettez, en français, d'abord, que je vous dise
Comment je m'y suis pris, pour orner mon église !
L'édifice était vieux, au moins de huit cents ans ;
Il n'était, certes ! plus au goût de notre temps.
J'ai fait, par un maçon, ravaler les sculptures,
Et, sur les murs bien droits, fait faire des peintures,
Des filets, des galons, de l'or, du bleu, du vert !
Et le chœur, d'un plafond, est maintenant couvert !
Un staffeur, pas trop cher, y mit du carton-pâte ;
Une grille de chœur, en fonte Barbezate,
S'y rehausse, aujourd'hui, par de l'or adhésif ;
Sur les murs, un semis, fait avec un poncif ;
En faux-marbre, au pourtour, j'ai fait de fausses niches !
Et la chaire en faux bois, a des décors très riches !
D'anciens vitraux, le temple était déshonoré,
J'y mis de la grisaille, et, du mètre carré
Le prix n'excéda pas vingt francs et des centimes ;
Un beau chemin de croix, de ses chromos sublimes,
Fait le tour de la nef ! Au milieu du pavé,
J'avais de vieux tombeaux, le tout est enlevé
Et je l'ai remplacé par un beau carrelage !
Ce n'est pas tout encor ! pour compléter l'ouvrage,
Un joli maître-autel, à la perfection
Imite, quoiqu'en bois, la Roche d'Echaillon !
Voilà ce que j'ai fait ! L'église paraît neuve !
Et, puis-je vous donner une plus claire preuve
De ce qu'avec du goût, un vouloir persistant,
On peut faire, ici-bas, sans trop d'argent comptant !

1894.

---

(1) Extrait de *Minos, Eaque et Rhadamante* ou *les sombres bords*,
revue de l'architecture et des travaux publics, gesticulée à Toulouse.

L'HOMME A LA REMISE

(Air : voulez-vous accepter mon bras)

Par la remise, il faut qu'on perce,
On doit chercher un débouché ! (bis)
La remise est, dans le commerce,
Un licite petit marché (bis)
Aussi, j'envoie, à tout le monde,
Mes prix courants, mes prospectus !
Pour qu'une affaire soit féconde,
Il faut semer quelques écus !
Pour lors, je fais mon boniment,
    Tout bas ! discrètement !
      Voulez-vous ?
      Voulez-vous ?   } bis
Voulez-vous accepter cent sous ?

Est-il donc rien de plus honnête ?
On rend service ! on est payé (bis)
On a la conscience nette,
Et, de plus, on est défrayé ! (bis)
Cependant, le propriétaire,
Pour le bien, ne doit rien savoir !
En opérant dans le mystère,
On peut augmenter son avoir !
Si l'on goûte mon argument,
    Tout bas discrètement !
      Voulez-vous ?
      Voulez-vous ?   } bis
Voulez-vous accepter cent sous ?

1894.

PAYS CHARMANT

La France est un pays charmant !
Tout, administrativement,
S'y règlemente et s'y triture :
Les Arts, les Lettres, les chevaux,
La danse, l'air, le feu, les veaux,
Le sel, le poivre, la peinture !

Dans ce pays, tout citoyen
En naissant n'a besoin de rien:
Dans les palais, dans les hospices,
A son berceau veillent en rond
Des Inspecteurs du biberon,
Qui goûtent le lait des nourrices !

De suite, il est étiqueté,
Parqué, classé, numéroté !
Pour manger autant que pour boire,
Un paternel gouvernement
Lui fournira le règlement,
Comme il fournit aussi la Gloire !

Car, pour la Gloire et les honneurs,
Il est aussi des inspecteurs
Qui s'en chargent à la demande,
Donnant glaise, marbre et sujets
A des artistes protégés
Pour des chefs-d'œuvre sur commande !

Doux pays de félicité
Où, pour plus de sécurité,
La veille de tout incendie,
Un comité de grands seigneurs,
De contrôleurs et d'inspecteurs,
Va visiter la Comédie !

Où chacun, en naissant reçoit
Un brevet de n'importe quoi !
Paradis du fonctionnaire !
Où des lois règlent tous les cas,
Les allumettes, les cacas,
Le tabac, l'alcool, la lumière.

Pays ineffable où l'impôt
Après le poil, vous prend la peau :
Où l'emploi n'est là que pour l'homme ?
Sol propice, où les fonctions
Poussent, comme blés en sillons,
France ! salut ! à toi la pomme !

Mars 1900.

OPINION D'UN PUISATIER

Y paraît qu' pour l'Universelle,
Le grand Palais, le P'tit Palais,
Y s'ront faits par un' ribambelle
D'archetèqu's, tous rud'ment calés !

Moi, si, d'hasard, j'suis miionnaire,
Quand j' f'rai bâtir mon cabanon,
C'est bien c' système'-là que j' préfère.
Des spécialiss', y a qu'ça d' bon !

Au premier, j'y dis : « ma vieill' branche !
T'es rupin sus la fondation ?
Coll' moi ton papier sus la planche !
Tu m' fras c' morceau d' ma construction ! »

Au deuxièm', j'y dis : « ma vieill' branche' !
Paraît qu' t'es fort sus l'soubass'ment ?
Coll' moi ton papier sus la planche !
Fais l' soubass'ment d' mon monument ! »

Au troisièm' j'y dis : « ma vieill' branche !
On dit qu'des futs tu sais l' contour ?
Coll' moi ton papier sus la planche ?
Tu vas m' profiler mes tambours ! »

Au quatrièm' j'y dis : « ma branche !
Toi, l'chapiteau, c'est ton succès ?
Coll' moi ton papier sus la planche !
C'est par toi qu'y s'ront tous tracés ! »

Au cintièm', j'y dis :« ma vieill' branche !
Si c'est l'entablement ton fort
Coll' moi ton papier sus la planche !
Vas-y, mon vieux ! profile à mort ! »

Avec ça, ça s'rait de la déveine
Si ma turn' manquait d' chic quèqu' part !
Autrement, ca s'rait pas la peine
D'en sarger d'aussi chouett' lascars !

Si ça s' fait pour l'Universelle,
Sous l'auspic' du Gouvernement,
J' peux bien suivre un pareil modèle ;
Y a pas d'raison d'faire autrement !

BRINDAMOUR.

Puisatier

D'UNG MINISTRE

QUI ESTOIT FERU DE GOTHICQUE (1)

En ce tems-là, dans la Belgique
Estoit ung ministre fameux :
Oncques l'on n'en vit en l'Attique
Qui feust, de l'Art, tant amoureux....
C'estoit ung homme magnificque !

En ce tems-là, si mirifique,
Quand ung palais se projettoit,
Pour marquer son sens artistique ;
A l'architecte, il respondoit :
— Vous me le ferez en gothicque !

En ce tems-la, le fer, la brique,
Pour les gares de voïageurs
Estoient d'ung usaige praticque ;
Mais luy, disoit : mes bons messieurs,
Habillez-les donc en gothicque !

En ce tems-là qui feust épicque,
S'agissait-il d'un abattoir ?
Pour la forme architectonicque
Le ministre disoit : faut voir
A n'oublier point le gothicque.

En ce temps-là, point de criticque
Ne sortit de maistre ni groom
On le craignoit (celà s'explique)
Le divin Van den peereboom,
Quy ressuscita le gothicque.

Janvier 1897.

---

(1) Van den peereboom (allez la musique !) ministre belge qui préconise
le gothique pour toutes sortes de monuments, même des gares de chemin
de fer !

LES DEUX ARCHITECTES

FANTAISIE

Air de Pandore

Deux architectes, un dimanche,
Cheminaient le long d'un chantier ;
L'un portait la barbiche blanche
Et l'autre était noir tout entier !
Le premier dit, d'un ton sonore :
— Des bâtiments, y en a pas à foison !
— Mon ancien ! comme dit Pandore,
Mon ancien ! vous avez raison !

— Ah ! c'est un métier difficile !
Construire la propriété !
Courir par les champs et la ville
Régler la mitoyenneté !
Fatal destin qui nous dévore !
Pas de diplôme à la maison !
— Mon ancien ! comme dit Pandore,
Mon ancien ! vous avez raison !

— Je me souviens de mon enfance
Et des *rendus* chicocandarts,
Je devais rebâtir la France,
En traversant le pont des Arts !
J'aurais fait, ah ! j'y songe encore,
Deux cents palais chaque saison !
Mon ancien ! comme dit Pandore,
Mon ancien ! vous avez raison !

— Depuis, j'ai vu, dans la carrière,
L'agent-voyer, le conducteur,
L'arpenteur, le garde-barrière,
Le mètreur-vérificateur !

Et pourtant, j'entrevois encore
Des déboires à l'horison !
— Mon ancien ? comme dit Pandore,
Mon ancien ! vous avez raison !

Ils traversèrent en silence
Le chantier, le long du chemin,
En rêvant de doter la France
D'un beau diplôme en parchemin !
Et, soudain, le vieux dit encore :
Ainsi soit-il ! pour oraison !
— Mon ancien ! comme dit Pandore,
Mon ancien ! vous avez raison.

Juin 1899.

LE KILOMÈTRE

Le premier expert naquit,
On l'a dit — je ne sais qui —
De la première bâtisse,
Cela me semble assez clair :
Comme le second expert
Vint du second édifice.

Quand les bourgs furent tracés,
On inventa les procès,
Ça nécessita des juges !
Et, depuis quatre mille ans,
Ces organismes puissants
Surnagent dans les déluges !

Au temps de Cham et Japhet
Un inventeur — c'est un fait —
Découvrit le *kilomètre*
Il en fit faire un tarif,
Savant, administratif,
Que dans le code, il fit mettre.

C'est ce tarif immortel,
Qu'il nous a légué tel quel,
Et qui, traversant les âges,
Survit à tout et toujours,
Des siècles suivant le cours,
Evitant tous les naufrages !

En vigueur sous Sesostris,
Aujourd'hui comme jadis,
Il conserve sa puissance !
Immuable, souverain,
C'est une table d'airain,
Forte, indiscutable, immense !

7

Qu'importe que la vapeur,
Ou le triomphant moteur,
Rapprochent les métropoles !
Le tarif, sur son trépied,
Nous croit tous marchant à pied,
D'un bout à l'autre des pôles.

Sans voir les peuples passer,
Il continue à taxer,
De nos parcours, le salaire,
Trop cher ou trop bon marché,
— Qu'importe ! s'il est touché,
Le kilomètre — honoraire !

Mars 1900.

LE BON PALADIN

A l'ami Gillet.

Siré Gilles, le champenois,
Grand chevaucheur de palefrois,
Le valeureux paladin Gilles,
De son manoir, bien loin, bien loin,
Le casque au chef, la lance au poing,
Est parti, traversant les villes !

Il s'en va, tout bardé de fer,
Le cimier rougeoyant dans l'air,
Au grand tournoi que dans Lutèce,
Donne, aux puissants et fiers barons,
La reine de ces environs :
Centraline, l'enchanteresse !

Sur son destrier, haut et droit,
Le bon Gille arrive au tournoi ;
Il fait résonner son armure....
— Quel est donc ce fier inconnu,
Si gránd, si fort, si tard venu ?
Voilà ce que chacun murmure.

Or, près de lui, le héraut vient :
- Qui donc es-tu ? more ou chrétien ?
— Bon chrétien et baron, dit Gilles,
Qui, lors, clama, d'un air ardent :
— Qu'est-ce donc qu'un Non-Résidant ?
Au milieu des preux immobiles !

Ce mot, à peine proféré
Et de chevaliers entouré,
Sire Gille à pris son épée !...
Alors, un jeune chevalier
Lui dit, tout prêt à ferrailler :
— Non-Résidant, c'est un qui paie ?

Hardi ! les valeureux champions !
Courez ! volez ! noirs tourbillons !
Applaudissez, belles mains roses !
Pendant que, dans les airs, s'entend
Ce cri de guerre triomphant :
— Non Résident, c'est pas grand'chose !

Cependant, blessé, non vaincu,
Bon sire Gille a combattu....
Chaque preux après lui s'acharne....
Lors, le Roy crie : Assez ! C'est bien !
Honneur au chevalier qui vient,
Oui ! qui vient de Châlons-sur Marne !

Honneur au noble chevalier !
S'il peut encore se fouiller,
Qu'on lui donne un sac de promesses !...
Bon sire Gille est reparti,
Le sac en croupe et tout meurtri,
Revoir ses vieilles forteresses.

février 1891

A J. MALÉZIEUX [1]

Malézieux, mon vieux vermicule
— Quand je dis vieux, c'est entre nous —
Adresse-moi ton opuscule,
Ci-inclus, voici mes cent sous !
Dans ton lyrisme, cher poëte,
Par tes vers toujours malicieux
Aujourd'hui tu t'es mis en tête
De secourir les malheureux.
Doublement je te félicite ;
Mon plaisir est double, en effet ;
Je te relis et participe
A la bonne œuvre que tu fais.
Tes vers, j'en garde la mémoire,
Mais, pour les bien collectionner,
Bonne œuvre à part, et pour l'histoire,
On fait bien de les imprimer.
Jamais, je crois, l'Architecture,
Depuis le temps de Ducerceau,
Ne mit plus de vermiculure
Sur les bossages d'un château.
Et c'est toi qui la régénère,
Puisque, tout en vermiculant,
D'une touche qu'on croit légère
Tu sais critiquer en blaguant.
De batailler c'est ta manière
Chacun le fait à sa façon ;
Mais, quand tu dois partir en guerre,
Je me dis : la sienne a du bon.
Je te vois encore avec Gilles,
Ce paladin vaillant et fier,
Qui passait, traversant les villes,
Son cimier rougeoyant dans l'air.

(1) Au moment où l'imprimeur mettait à la composition la dernière feuille de ce volume, j'ai reçu cette souscription vermiculée je ne résiste pas au désir de la publier. (Je ne suis pas modeste). Elle émane d'un confrère de talent doublé d'un délicat poëte.

Puis, après de fort belles poses,
Combattant pour l'Art en tournois !
Par un triste retour des choses,
Je t'ai revu chez un bourgeois !
L'hygiène étant ce qu'il ignore,
Sur ce point il te consultait
En visant sa fosse inodore
Et son foyer qui refoulait.
Par le chlore et le *fumigobe*,
Dans l'âtre habilement placé
Par un fumiste qui se gobe
Voilà le tout désinfecté !
Poursuivant vers d'autres parages
Nous voici sur un beau chantier ;
Une maison de deux étages
Où ne manque pas l'escalier
Expert intègre à toi la pomme !
Mais hélas ! Quel excès d'honneur !
On t'a nommé comme honnête homme,
On te taxe comme un voleur !
Dégoûté, d'un dégoût extrême,
Non diplômé, cela s'est vu,
Quand le ramoneur l'est lui même,
Tu repars tenter l'inconnu.
Tu visitas la Séquanie,
Soissons, ville d'où vient le vent ;
On te vit, dans la Normandie,
A Toulouse, au Sud, au Levant,
Un jour, dans une église obscure,
Dont un Curé fit l'ornement,
Tu vis en simili-peinture
Un chemin de la Croix flambant.
Dans le pays où naquit Phèdre,
Tu rencontras, tout stupéfait,
Ictinus qui, dans son exèdre,
A marier Pépette songeait.
Puis, la nopce, en monôme antique,
Revenait complète à Paris
Admirer l'Opéra-Comique
Qui n'était pas encor construit !
Mais, me direz-vous, qu'est-ce, en somme
Ce Malézieux de Saint-Quentin ?
Je vous répondrai : c'est un homme
Qui, quoiqu'architecte est malin.
C'est un petit, ni gros ni mince,
Pas trop grand, qui n'a l'air de rien,
Mais il a l'œil et quand il pince,
Sans avoir l'air, il pince bien

L'avez-vous vu ? Non ! Je m'explique ;
J'ai de lui ce portrait flatteur
D'un vieil ami, un romantique,
Qui reste son admirateur
Mais, si vous voulez le connaître,
Ne le cherchez plus à Paris,
A Saint-Quentin, qui l'a vu naître,
A Carcassonne, aux Andelys !
Voyez-le, dans la nuit sereine,
Lui, le dernier des troubabours,
Invoquant, aux bords de la Seine,
Notre-Dame de Bon-Secours.
Et maintenant je me résume :
Tout chacun t'ayant reconnu,
Fais-moi parvenir ton volume
Aussitôt qu'il aura paru.
Qu'on le tire à plusieurs cent mille ;
Pour les malheureux, c'est complet ;
Et qu'il reste, en chaque famille,
Chez tous, un livre de chevet.
Pour moi, n'étant plus qu'*Archetèque*
Et parmi les plus démolis,
Je garde ma bibliothèque
Pour te mettre au coin des amis !

A. Coquet

Montpellier 23 mars 1900

REMERCIEMENTS

A A. Coquet architecte, qui m'a envoyé
un volume de vers *anonyme*, que
j'avais attribué à mon ami Carlier,
architecte à Montpellier.

J'ai pour ami le sieur Carlier
Qui exerce, dans Montpellier,
Le commerce d'Architecture ;
Magasins bien achalandés,
Bons articles très-demandés,
Solidité, goût : maison sûre.

L'autre jour, tombe dans mes bras
Un bouquin venant de là-bas,
Je lis, je ris, ô jouissance !
Et je me dis, dedans mon for :
Quel est cet anonyme fort,
Cet abstracteur de quintessence ?

En lisant partout : Montpellier,
Je me dis : ça rime à Carlier,
C'est bien lui qui chante, qui vibre !
Je m'en vais, pour lors, subito,
Démasquer son incognito,
Je suis perspicace, ô félibre !

Oui ! perspicace ! parlons-en !
Je me suis mis évidemment
Le doigt dans l'œil jusques au coude !
Carlier m'écrit, d'un air pincé :
Je regrette... je suis vexé...
Je voudrais bien... hélas ! (il boude !)

Moi, c'est bien me connaître peu
Que de croire qu'un seul cheveu
En tomba de ma chevelure !
Que les vers soient de vous, de lui,
Je les ai lus, ils m'ont séduit,
C'est le plus clair de l'aventure !

Nous pouvons consoler Carlier
Architecte dans Montpellier,
S'il n'est que l'oncle de vos rimes,
Il en fît ! je crois le savoir,
Qui fleuraient bon le bon terroir,
Et qui n'étaient pas anonymes !

Eh bien ! demandons lui tous deux
D'en faire un bouquin précieux
Qu'il ornera de dédicace...
Et je dirai qu'ils sont de vous !
Et par ainsi, point de jaloux :
A chacun la même besace !

Ami, qui ciselez le vers,
Doux orfèvre des printemps verts,
Votre livre charme et délecte,
Recevez les remerciements
D'un qui rime aussi, par moments,
Quand il dépouille l'architecte !

Hélas ! ce n'est pas fréquemment !
La teigne qu' est le bâtiment
S'attache à vous par tant de fibres !
Ah ! que ne puis-je, homme du Nord,
Aller parfois au pays d'or
Où poussent tout seuls les félibres !

Avril 1899.

SOUVENIRS DE CONGRÈS

SONNET DE L'ARCHITECTURE

PAR ARMAND SILVESTRE

DIT LE 7 JUIN 1894 A TOULOUSE (1)

Celui qui, le premier, dans l'histoire a tenté
D'enfermer le granit dans la splendeur des lignes,
Bien qu'inconnu de nous, est parmi les plus dignes.
De ceux que le temps lègue à l'Immortalité !

Par lui la pierre abrupte et le marbre dompté
S'assouplissent, ainsi que la tige des vignes ;
Des blocs harmonieux et des formes insignes
Il fit jaillir du sol le secret enchanté.

La gloire des palais s'élève dans l'espace,
Dominant, de son ombre auguste, ce qui passe,
Héritage sacré d'un art toujours vivant !

A la seule nature empruntant ses modèles,
L'Architecture montre, en ses rythmes fidèles
La matière ployée à l'esprit triomphant !

ARMAND SILVESTRE

---

(1) Ce joli sonnet n'aurait pas sa raison d'être dans ce modeste recueil,
s'il n'était la justification du sonnet suivant.

SONNET AUX DAMES

EN RÉPONSE AU « SONNET DE L'ARCHITECTURE »

D'ARMAND SILVESTRE

(IMPROVISÉ A TOULOUSE LE 7 JUIN 1894)

Poëte, dans tes vers, chante l'Architecture !
— Tiens ! regarde ! voilà ce que celà me fait !
En ce jour, le module est un être surfait !
L'Art n'a pas de sentiers qui vaillent la nature !

De ce banquet, c'est vous, Mesdames, la parure !
Que Vignole soit fort et Vitruve parfait,
Qu'en le Louvre brillant, ou la tourelle obscure,
Un *Cooks'tour* véhicule un anglais stupéfait,

Le régal de la vue et le régal des âmes,
Et le parfum subtil, vous le donnez, mesdames !
Qui peut songer aux x, lorsque vous êtes là ?

Poëte, parle-nous, s'il te plaît, d'autres choses !
Et ne viens pas semer des mëllons sur nos roses !
Mesdames, c'est pour vous, le Sonnet que voilà !

TOAST A LA FEMME

Assemblée de Clermont-Ferrand

Quand par le dur labeur, las et le cœur morose,
Nous rentrons au logis, fatigués et pensifs,
Dites, quelle est la main qui, sur nos fronts, se pose ?
Quels yeux lisent en nous, doux, calmes, attentifs ?

Qui panse la blessure et dit la douce chose
Qui fait évanouir les soucis les plus vifs ?
C'est l'épouse, ou la mère, ou l'enfant fraîche et rose.
Femmes ! qui consolez des labeurs excessifs ;

C'est à vous, qui portez le sourire en ces fêtes,
Y mêlant la beauté, la grâce et le soleil,
Que je lève mon verre où brille un vin vermeil !

A vous, femmes, à vous dont les âmes discrètes
Donnent à nos esprits le repos désiré,
Et rendent le foyer deux fois saint et sacré !

INVOCATION

A NOTRE-DAME-DE-BON-SECOURS

Assemblée générale de Rouen 1896

Quoi donc ? un point, c'est tout ? misère !
Quoi ! plus de tarif d'honoraire,
Plus de vote, plus de discours ?
Plus de soleil et plus d'averse ?
C'est donc vrai que l'on se disperse,
Notre-Dame-de-Bon-Secours ?

Alors, le faisceau va se rompre,
On ne pourra plus interrompre,
Dans les débats sur les concours !
Et la voirie, abandonnée,
Va reposer toute une année,
Notre-Dame-de-Bon-Secours ?

Hélas ! les pauvres que nous sommes !
On va voir dormir les diplômes
Qui ne diplôment pas toujours ?
Non ! bonne Vierge la meilleure,
Dis, veux-tu bien retarder l'heure,
Notre-Dame-de-Bon-Secours !

Car, nous avons été bien sages
Et, contrairement aux usages
Tous les discours étaient très-courts,
Et pour éviter des batailles
Ont eu de belles funérailles,
Notre-Dame-de-Bon-Secours !

Sur plus d'une obscure matière
N'avons-nous pas fait la lumière ?
L'*intérimat* (1) nous doit ses jours,
Comme aussi le *code* (2) ineffable
Qui réjouit le pauvre diable...
Notre-Dame-de-Bon-Secours !

Quoi ? plus rien ? c'est tout ? on s'esquive !
La voiture à bras de l'Archive (3)
Fuit par les chemins les plus courts !
J'avais à dire quelque chose,
Quand j'entends : la session est close !
Notre-Dame-de-Bon-Secours !

Ça finit par un joli geste !
Jouissons du peu qui nous reste,
En avant fifres et tambours !
Chantons ! dansons ! quoi qu'il advienne,
Malgré le *Comité d'hygiène*
Notre-Dame-de-Bon-Secours !

La vie est courte et court le rêve,
Saisissons l'heure qui s'achève,
Fixons son fugitif parcours !
Au sein du *comité des Grâces*
Des jeux, des ris, marquons nos places !
Notre-Dame-de-Bon-Secours !

Ce comité, c'est vous, mesdames,
Car, vous apportez, à nos âmes,
Le pardon des débats trop lourds !
Et tous ayant faussé nos armes,
Sommes d'accord devant vos charmes !....
Notre-Dame-de-Bon-Secours !

O bonne Vierge qui domines
Le fleuve et les vertes collines
Et la prairie et les labours,
Quand nous quitterons la vallée,
Protège encor notre assemblée !
Notre-Dame-de-Bon-Secours !

---

(1) On a décidé à Rouen, que les fonctions remplies dans le *consortium*
à titre intérimaire ne comptaient pas dans la durée légale du mandat.

(2) Le *code* des architectes, ou la *civilité puérile et honnête*,

(3) Les archives du *consortium* sont nomades.

Et ceux qui rendent des services,
Le Président et tous les vices —
Présidents de ces derniers jours !
Protège aussi le secrétaire,
Comme le bibliothécaire,
Notre-Dame-de-Bon-Secours !

Donne à ce dernier la roulotte
Où chacun pourra prendre note
Des Archives et des discours !
Et, pour l'honoraire authentique,
Un bon compteur automatique,
Notre-Dame-de-Bon-Secours !

O toi ! la Vierge douce et bonne,
Qui m'écoute, qui me pardonne,
Moi, le dernier des troubadours,
Garde à ceux qui sont là, que j'aime,
Joie et santé, bonheur suprême !
Notre-Dame-de-Bon-Secours !

Bon-Secours 13 juin 1896

TOAST AU CHAMPAGNE

POUR LES DAMES

Vin nourri du soleil qui rutile et flamboie,
Vin qui portes l'esprit dans ton pétillement,
Champagne ! vin des rois ! vin des Dieux ! vin de joie !
Qui des lèvres au cœur nous sers de truchement,

Du toast affectueux, délicat instrument,
Apporte moi les mots du sonnet que j'envoie
A Celles dont le charme, ici, fait l'ornement,
Et qui, de nos travaux, fleurissent l'âpre voie !

Je bois à vos santés, Mesdames ! c'est à vous,
Qui voyez nos labeurs et les rendez plus doux,
Que nous devons de voir les jours passer plus vite !

Embellissez la route où nous marchons toujours,
Notre chanson de marche en sera bien mieux dite,
Et nos plus longs chemins sembleront les plus courts !

Reims 18 juin 1898

AIR DE MUSETTE

POUR FINIR

Je pose ici mon écritoire,
J'ai fini de vermiculer !
Petits vers, faut vous en aller
Par les chemins, chercher la gloire !

La gloire ? Oh non pas !.... les gros sous !
Car, babillés comme vous l'êtes,
Bons pour l'aumone et pour les quêtes,
La gloire, ça n'est pas pour vous !

J'ai la liste des camarades,
Allez chez eux, frappez à l'huis !
Ils auront pitié, de vous, puis
De nos pauvres, de nos malades !

Vous êtes vêtus, à peu près,
De loques frustes, de guenilles,
Ont voit vos pieds jusqu'aux chevilles...
(Et ça, vraiment, c'est fait exprès !)

Quand on vous verra si minables,
Qui donc pourra vous rebuter !
Mes petits vers, allez quêter
Auprès des âmes secourables !

mars 1900

EN 19..

OU LES GRAND MAGASINS

SAYNÈTE EN UN ACTE

EN 19..

OU LES GRANDS MAGASINS

SAYNÈTE EN UN ACTE

Envoi à MM. X. Y. Z., de l'Institut.

Princes du bâtiment, à vous seuls je dédie
Ce petit acte, né de mon esprit impur ;
Je vous réserve un rôle en cette comédie
Qui peint fidèlement notre destin futur.

PERSONNAGES

LE CHEF DE RAYON.

GOBILLOT, ancien bonnetier.

ATHANÁSE, maçon de province.

PLOCK ET Cⁱᵉ, homme industrieux.

LE GARÇON DE MAGASIN.

La scène se passe dans une des galeries des grands magasins, les plus vastes du monde : *Au Bonheur des Messieurs.*

SCÈNE PREMIÈRE

Le chef de rayon, Gobillot, le garçon de magasin

Gobillot, vêtu en bourgeois cossu, au garçon de magasin.

Le rayon des maisons de campagne, s'il vous plaît ?

Le garçon de magasin

Vous y êtes, monsieur !

Le chef de rayon, avec un gracieux sourire :

Que faut-il servir à monsieur ?

Gobillot, saluant

Voilà ! J'ai été longtemps dans la bonneterie. Tout le temps dans la boutique ! ma femme aussi !... C'est un métier ! Enfin !... on a quelques économies et je me suis dit : Si je faisais une surprise à Aglaé ?... Il faut vous dire que, bien souvent, derrière notre comptoir, quand la vente allait bien, nous disions : Quand nous serons riches, faudra nous payer une maison de campagne à Bondy ! Alors je me suis dit : Je vais lui en faire la surprise ! Je sais que vous tenez cet article, et je viens vous demander de me montrer quelques échantillons.

Le chef de rayon, prenant un carton.

Fort bien, monsieur ! Nous avons, précisément, un fort bel assortiment de cet article, en ce moment. Tenez ! voilà le type n° 1, par exemple ! Vingt-cinq mille francs pièce. C'est coquet, étoffé, inusable ! Architecture du Ve au XVIe siècle, c'est-à-dire pouvant être indifféremment attribuée à l'un de ces siècles ! Nous avons aussi le même article en style moderne, agencé pour correspondre à n'importe quelle époque !...

Gobillot

Est-ce que vous ne trouvez pas la salle à manger un peu petite ?

Le chef de rayon

Pardon, monsieur ; mais c'est la façade que vous regardez-là. Voici le plan. Salle à manger 2 m. 50 sur 3 mètres.

GOBILLOT

Je croyais... mais alors, qu'est-ce que c'est donc que ces petits carrés tout noirs !

LE CHEF DE RAYON

Ce sont les fenêtres.

GOBILLOT

Ah ! fort bien ! et ça, qui est bleu, dans le bas ?

LE CHEF DE RAYON

C'est le toit ! Seulement vous tenez le *plan de façade* à l'envers... (il retourne le dessin) voyez maintenant !

GOBILLOT

Je vois ! c'est très joli ! mais cependant je trouve tout de même la salle à manger un peu petite !

LE CHEF DE RAYON

Qu'à cela ne tienne ! nous avons toutes les grandeurs, depuis le n° 1 jusqu'au n° 20. Ainsi, avec la pointure n° 2, vous avez tout de suite cinquante centimètres de plus ! c'est un supplément de deux mille francs seulement.

GOBILLOT

Ce modèle me sourit. Je le prends. Quand pourrai-je être en possession ?

LE CHEF DE RAYON

On livrera demain matin. Ce sera monté dans huit jours... A propos, il ne vous faudrait pas une centaine de mètres de murs de clôture ? Nous avons cela à des prix fabuleux de bon marché, et qui défient toute concurrence ! qualité extra : 4 fr. 95 le mètre. C'est un article sur lequel nous ne prenons pas de bénéfice !....

GOBILLOT

Je crois qu'il m'en faudra un bout !... Mettez-en cinquante mètres, avec une grille.

(Il se dispose à saluer.)

Le chef de rayon (il va chercher un ballon rouge.)

Permettez-moi, Monsieur, de vous offrir un ballon rouge, pour votre bébé !

GOBILLOT

Merci bien, Monsieur ! Mais je n'ai pas de bébé.... Quand on est si occupé !.... Aglaé....

Le chef de rayon, vivement.

Mais vous en aurez, Monsieur ! Vous en aurez ! Dans nos maisons.... le bien-être.... la tranquilité.... l'aspect séduisant de nos façades.... Vous en aurez !... prenez toujours le ballon rouge !

Gobillot (il prend le ballon.)

Au fait !... vous êtes vraiment bien aimable, Monsieur ! je suis bien votre serviteur !

(Il sort.)

SCÈNE II

Le chef de rayon, Athanase, le garçon de magasin.

Athanase, au garçon de magasin.

L'comptoir ous' qu'on vend des bâtisses ?

Le garçon de magasin

C'est ici même, Monsieur.

Athanase

Bon! et ton patron, ous' qu'il est ?

Le garçon de magasin

Le voilà qui vient vous offrir ses bons offices.

LE CHEF DE RAYON

Vous désirez ?

ATHANASE

J'désire. . j'désire... j'sais pas si vous t'nez c't'artique-là. Voilà : S'agit qu'un propiétaire y m'a d'mandé d'lui faire un quartr'ou d'maisons d'ouverriers ; y m'a dit comme ça, qui dit : Tu sais, Athanase, faut quequ'chose d'bon marché ! L'ouverrier y n'est pas rich°, faut pas l'gruger en loyers ! Alors qui m'a dit, dit-y, si tu pourrais m'fair' ça pour un' quinzaine d'cents francs pièce, qui dit, j'pourrais core louer dans les 200. Ça f'rait du 12 pour cent: Bon ! que j'dis ! Mais j'sais pas lire ni écrire..... C'ment que j'vas m'y prendre ?

Alors, v'la un lascar qu'est manœuvre dans mon chantier et qu'a été notaire, dans les temps, qui m'dit, dit-y : Allez-donc aux *Grands Magasins du bonheur des messieurs*, vous trouv'rez ça tout fait ! V'là l'prospectus ! Et v'là pourquoi que j'viens !

LE CHEF DE RAYON

Nous avons votre affaire, mon brave ! (il feuillette un album) Voyons !... N° 32... Maison ouvrière... 1.400 fr. 00 avec latrines, 1.395 fr. 00 sans latrines... deux places en bas, deux en haut, dans le comble... garanties deux ans !...

ATHANASE

Ça m'va !... Vous donnez les quat' au cent ?

LE CHEF DE RAYON

Pas habituellement ; mais pour une première affaire !...

ATHANASE

Eh ben ! alors ! affaire entendue ! V'nez prendre un litre, sans façon !

LE CHEF DE RAYON (froissé.)

Vous êtes trop aimable ! mais les devoirs de ma profession !... ce sera pour une autre fois !...

ATHANASE

C'est d'bon cœur !.... Ça sera pour une autre fois.

(Il sort.)

SCÈNE III

Le chef de rayon, Plock et Cie, le garçon de magasin

Plock et Cie, couvert de breloques, gant, beurre frais, houppe-
lande à fourrures.

Voyons ! on m'a dit : rayon du bâtiment ! C'est ici... Ah !
voilà un vendeur !

Le chef de rayon, saluant

Monsieur !...

Plock et Cie, saluant

Monsieur !... Je désirerais avoir une usine, une usine de
belle apparence... Je tiens beaucoup à la belle apparence...

Le chef de rayon

Rien de plus facile, monsieur ! nous avons ce qu'il faut, pour
toutes industries. Nous expédions nos usines en gare la plus
rapprochée et nous fournissons même, gratuitememt, des pièces
de rechange suivant l'importance de la commande. Quel genre
d'industrie ?

Plock et Cie

Oh ! je ne sais pas !...ce que vous voudrez !...mais une belle
apparence, surtout !

Le chef de rayon

Il est cependant utile de savoir — pour l'installation...

Plock et Cie

Non !... cela m'est égal !... c'est pour mettre en actions !

Le chef de rayon

Ah ! fort bien ! nous avons, alors, l'usine-omnibus... belle
apparence ! on met dedans des machines, avec beaucoup de cuivre, ça tourne en faisant du bruit !... C'est l'article qui se fait le
plus, pour sociétés par actions !...

PLOCK ET Cie

Alors, affaire entendue ! vous livrerez à bref délai ! quant au prix, je m'en rapporte à vous... je fixerai mon apport d'après lui.

LE CHEF DE RAYON, vivement

Vous savez, sans doute, que la maison se charge aussi d'établir les actes de Société ?... Passez au rayon du notariat et du contentieux...

PLOCK ET Cie

A merveille ! et j'y cours. Vous êtes vraiment obligeant, monsieur, je vous salue.

(Il va pour sortir)

LE CHEF DE RAYON, *le retenant*

Nous vous fournirons, ultérieurement, le syndic ! C'est un prix à débattre et suivant l'importance du passif !...

PLOCK ET Cie

Admirable ! admirable ! je vous rends grâce, monsieur !

(Il sort)

SCÈNE IV

LE CHEF DE RAYON, LE GARÇON DE MAGASIN

LE CHEF DE RAYON

Baptiste ! vous direz à l'architecte-ingénieur-vendeur n° 3 de venir me suppléer. Je vais déjeuner.
(A part) Bonne guelte, ce matin ! Je me paie une douzaine de supplément et une bouteille de vieux !

(Il sort.)

SCÈNE V

LE GARÇON DE MAGASIN, seul,

(Il passe mélancoliquement son plumeau sur les cartons.
Avec un soupir :)
Et dire que je suis grand prix de Rome !...

(Il sort).

RIDEAU

TABLE DES MATIÈRES

Saint-Quentin. — Imprimerie du Saint-Quentinois.